浙江省普通高校"十三五"新形态教材

高职高专物联网应用技术专业系列教材

中小微企业物联网项目教程

主　编　杨官霞　黄懿湘　陈婷婷

西安电子科技大学出版社

内 容 简 介

  本书是浙江省普通高校"十三五"新形态教材。本书从不同角度，从成千上万个案例中筛选出四个项目，涵盖了软件、硬件、通信、网络等知识。其中，项目 1 是基于现场实际角度的案例——PLC 在空气压缩机中的控制应用，介绍了空气压缩机的原理、结构以及 PLC 程序控制；项目 2 是基于工程研发角度的案例——无钥匙进入及启动系统，着重讲解产品从研发到工程实践的过程中会碰到的成本问题，并简单介绍了工程避坑；项目 3 是基于项目文件管理角度的案例——电动车管理物联网平台开发，着重讲解文档管理，涉及从可行性报告到软件说明书的各种文档及各种项目管理工具的使用；项目 4 是创客案例——Android + Arduino 综合应用，将 Arduino 平台与 Android 结合到一起，激发学生的学习兴趣和动力。

  本书是理论与工程研发实践、创新与生产结合的经典案例教程，80%以上的内容为原创。本书可以作为高职高专电子信息大类的教材，也可以作为教师的参考用书，还可以作为学生的自学书籍。

图书在版编目(CIP)数据

中小微企业物联网项目教程 / 杨官霞，黄懿湘，陈婷婷主编. —西安：西安电子科技大学出版社，2023.1(2025.1 重印)
ISBN 978-7-5606-6720-1

Ⅰ. ①中…　Ⅱ. ①杨… ②黄… ③陈…　Ⅲ. ①中小企业—物联网—高等学校—教材　Ⅳ.
①F276.3

中国版本图书馆 CIP 数据核字(2022)第 221196 号

策　　划	刘小莉	
责任编辑	刘小莉	
出版发行	西安电子科技大学出版社(西安市太白南路 2 号)	
电　　话	(029) 88202421　88201467	邮　　编　710071
网　　址	www.xduph.com	电子邮箱　xdupfxb001@163.com
经　　销	新华书店	
印刷单位	陕西日报印务有限公司	
版　　次	2023 年 1 月第 1 版　2025 年 1 月第 2 次印刷	
开　　本	787 毫米×1092 毫米　1/16　印张 8.5	
字　　数	193 千字	
定　　价	30.00 元	

ISBN　978-7-5606-6720-1

XDUP 7022001-2

如有印装问题可调换

前　　言

应用技术教学什么为重？笔者个人认为参与项目是重中之重。

参与项目是实现教学目标的好的教学手段，无论对学习兴趣的培养还是对学习能力的提高，都大有裨益。但动手能力不仅对学习者，就算对教授者来说，也都是一个不大不小的门槛。本书本着跨越这个门槛的想法，对物联网应用技术项目教学做了一次尝试，让教学双方从中体尝学习观摩项目、动手参与项目、创客与现场应用相结合带来的不同的感受。

目前物联网应用技术的教学有很多难点，最突出的有三个：

一是很难将物联网的实际使用案例，尤其是适合中小微企业的案例搬到课堂上，因为很多案例过大、过于复杂，不适合课堂教学。

基于这点我们精心挑选了适合中小微企业的物联网实际工程案例，内容不会过大、过于复杂，却又包含物联网的一些关键技术。

二是学生很难从课堂上的案例中真正获得实践经验，这主要是由于以下的不同导致的。

学生与工程技术人员做项目之间的不同

区别点	学生	工程技术人员
思维模式	学生思维	工程思维
硬件设备来源	学校提供	自己采购
硬件的整合性	整套设备，没有选择，相互配合	零散，选择过多，配合不易
软件	学校、教师或社群提供，免费获得	很多不零售，或只提供部分 demo 功能开放，绝大部分要签订保密协议后才可开放，付费使用
成本	基本没有概念	成本决定成败
环境因素	基本不用考虑	环境会决定很多硬件是否可以正常工作
…	…	…

基于这点，我们从引导思维开始，将一些宝贵的工程实践经验和避坑手段融入教材中，精心设计案例，使用企业方案式的文本，按照方案设计、采购软硬件、组装编程调试等步骤一步步地将同学们带入工程实践的环境中，进而建立工程思维，完成从学生到工程人员的初步转化。

三是物联网是软件、硬件、网络、通信的综合，其工程开发需要单片机(控制用 C 语言)+手机 APP(由基于 Java 基础的 Android 编写)+通信+网络+硬件等知识，而学生的基础薄弱，根本无从入手，导致学生的信心无、基础差、兴趣低，教师无法实施教学。

针对此问题，本书的解决办法是利用 Arduino 平台。该平台采用积木化搭建方式(同时有配套代码)，入手入门快，软/硬件、通信、网络功能齐全，特别适用于物联网综合项目。

本书既是一般学校物联网应用相关课程的教材，也是面向创客设计与创客体验的物联网技术综合实践开发教材，其特点是与实践现场工厂、研发紧密结合。本书除了解决了上面三个问题之外，还增加了创客思维，将当前的热点——创客利器及非常容易入手的Arduino+Android 配合也加入进来，引导学生主动进行创新创造。

本书由杨官霞主编。具体编写分工是：项目 1 由黄懿湘、杨官霞共同编写，项目 2 由陈婷婷编写，项目 3 和项目 4 由杨官霞编写。在编写过程中，杭州奥克光电设备有限公司的很多专家和朋友给予了帮助，在此一并表示感谢。

限于编者水平，书中难免有疏漏和不当之处，敬请专家和读者多提宝贵意见。

编　者

2022.7

目　　录

项目 1　PLC 在空气压缩机中的控制应用

　　水、气、电是工厂的三大基础能源,如图 1-1 所示。空气压缩机,简称空压机,它是将电动机的机械能转化为气体压力能的装置,是压缩空气的气压发生装置,应用范围非常广泛,覆盖采矿、石油、化工、冶金、电力、机械、轻工、纺织、建筑、汽车制造、电子、食品、医药、生化、国防、科研等各行各业,有“通用机械”之称。

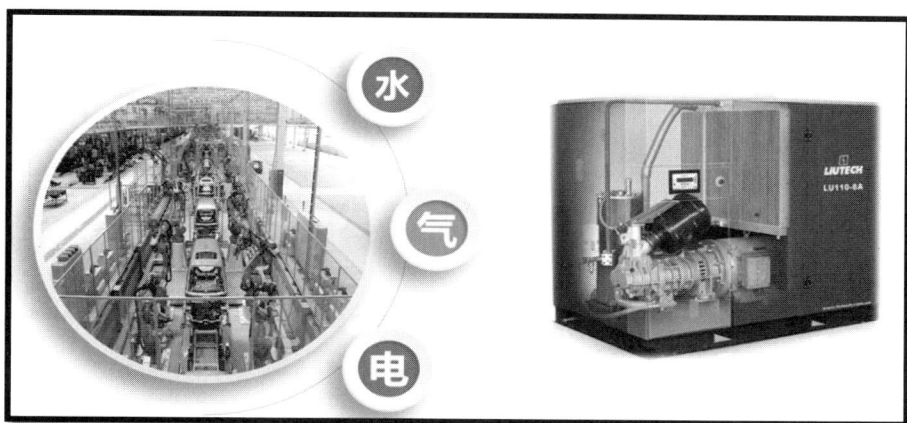

图 1-1　工厂的三大基础能源

　　本项目以工厂使用的双螺杆变频空压机为对象,介绍以 PLC、变频器作为控制核心的应用案例。

1.1　工程项目综合说明

1.1.1　空压机的应用场合

　　压缩空气是仅次于电力的第二大动力能源,又是具有多种用途的工艺气源,是工厂运行的基本保证。压缩空气作为空气动力可以直接应用于生产,比如驱动气动扳手或者是风动工具;在纺织行业中压缩空气可以替代传统梭子的作用,在提高劳动生产率上具备明显的优势;在化学工业中压缩空气还可以用作气体的合成和聚合,比如甲醇的合成或者用于生产聚乙烯等相关产品;而在军事上压缩空气则可以应用于导弹的发射以及鱼雷的发射等。图 1-2 所示是工业领域(汽车制造工厂)中空气压缩机的应用。

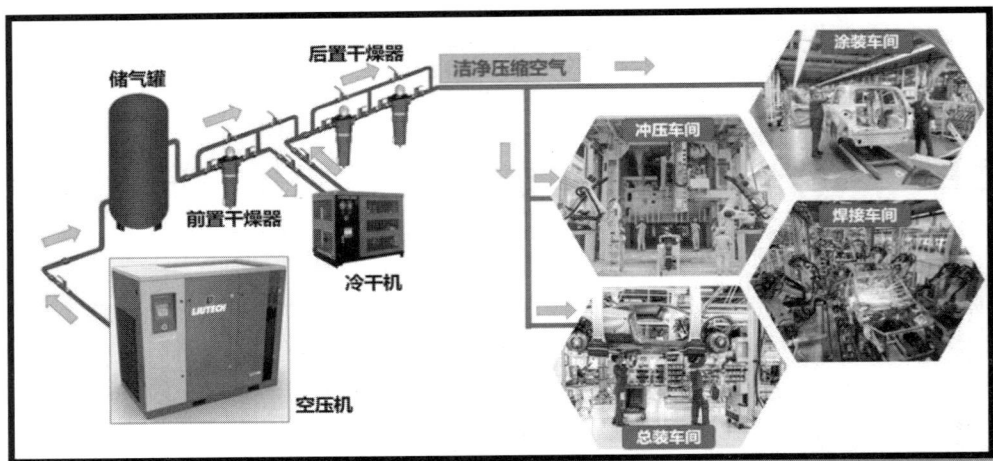

图 1-2 工业领域(汽车制造工厂)中空气压缩机的应用

1.1.2 螺杆空气压缩机的工作原理

1. 工作原理

螺杆空气压缩机的结构组成如图 1-3 所示,主要工作
部件包括电动机、主机、油气分离器、油冷却器、后冷却器、进气过滤器、滤芯、机油过
滤器、减荷阀等。

空压机工作原理 第一部分:空气
和系统控制 压缩机

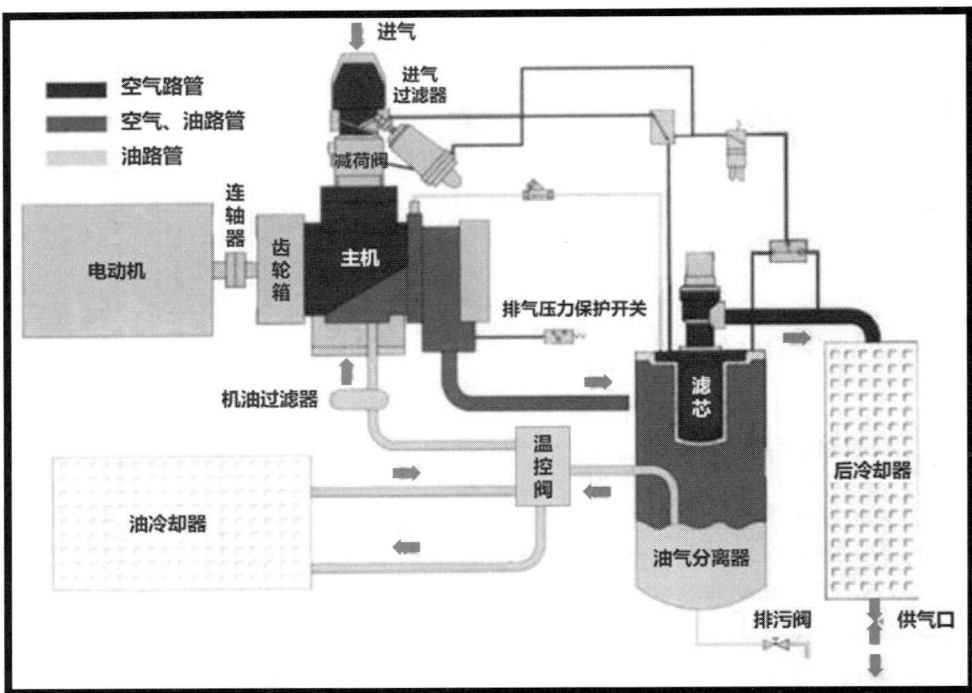

图 1-3 螺杆空气压缩机结构组成图

在螺杆空气压缩机的主机(简称螺杆主机)内部有一对等直径相互啮合的转子，叫阴、阳转子，也叫主、副转子，如图 1-4 所示。电动机启动运行时，通过弹性联轴器带动阳转子，再由阳转子带动阴转子一起高速旋转。随着齿间容积的不断缩小，从进气过滤器中被吸入的空气不断被压缩而升高压力，当齿间容积与压缩机的排气口相通时，压缩空气便从排气口排出，进入油气分离器进行油气分离。

图 1-4　螺杆主机

主机内是金属部件的运动，所以需要油进行润滑，另外空气压缩的过程中会产生大量的热量，机头的温度会升高，也需要用油进行降温。因此，机头里面是油和气的混合，空气经压缩后，排出的是高温、高热、含油的油气混合物，这样的气体，不能供给工厂车间使用。

排出的气体，需要进入油气分离器进行油气分离，一般 95%的油会被分离出来，沉到油气分离器的底部，即图 1-3 中油气分离器内的浅色部分。

5%的油还混合在压缩气体里面，需要通过滤芯进行最后一道分离，分离出来的压缩气体温度还很高，还需通过后处理(经冷却器进行降温以及干燥处理)，最终才能输送到用气客户端。

分离出来的润滑油沉降到油气分离器的底部，在压差作用下经温控阀分为两路：温度高的通过油冷却器降温后，再通过机油过滤器进入主机循环使用；温度不高的则直接通过机油过滤器进入主机循环使用。温控阀是机械装置，不需要通电控制。

2. 空气压缩的过程

空气具有可压缩性，经螺杆主机做机械功使本身体积缩小、压力提高后的空气叫压缩空气。如图 1-5 所示，空气压缩经过了三个过程——吸气过程、压缩过程、排气过程，这三个过程均在主机内部实现。所以说，主机是空气压缩机的"心脏"，是核心部件。PLC控制系统除了要确保各部件按工序流程完成动作外，还必须有故障诊断、保护预警、维保提示等功能，确保系统安全可靠地运行。

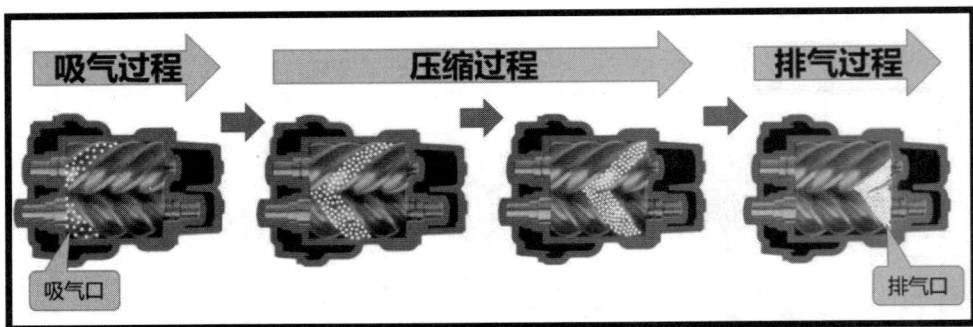

图 1-5　空气压缩的过程

3. 气路流程

螺杆空气压缩机的气路流程如图 1-6 所示。空气在进气口处，经进气过滤器(或空气过滤器)过滤粉尘后，进入主机，压缩成高温、高热的油气混合物，再进入油气分离器进行油和气的分离，分离出的气体自动向上流经滤芯，过滤掉其余 5%的油，最后经后冷却器降温、干燥后，供给用户。

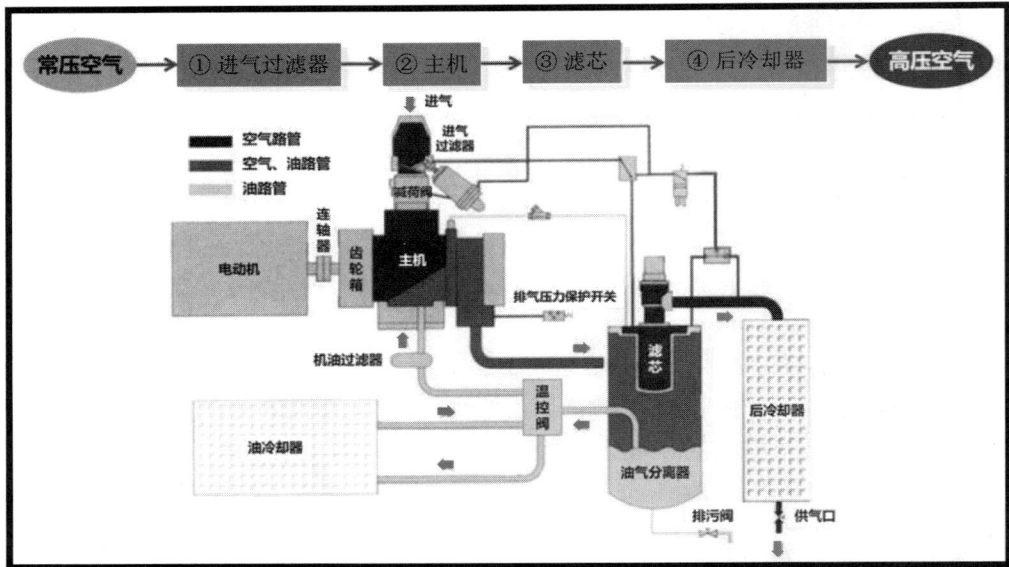

图 1-6　螺杆空气压缩机的气路流程图

4. 油路流程

螺杆空气压缩机的油路流程如图 1-7 所示。主机需要用油进行润滑，含油的主机排出的高压、高温油气混合物进入油气分离器进行油和气的分离，分离出的油气沉降到底部，再经油冷却器降温，通过机油过滤器过滤掉杂质后，又进到主机循环利用。

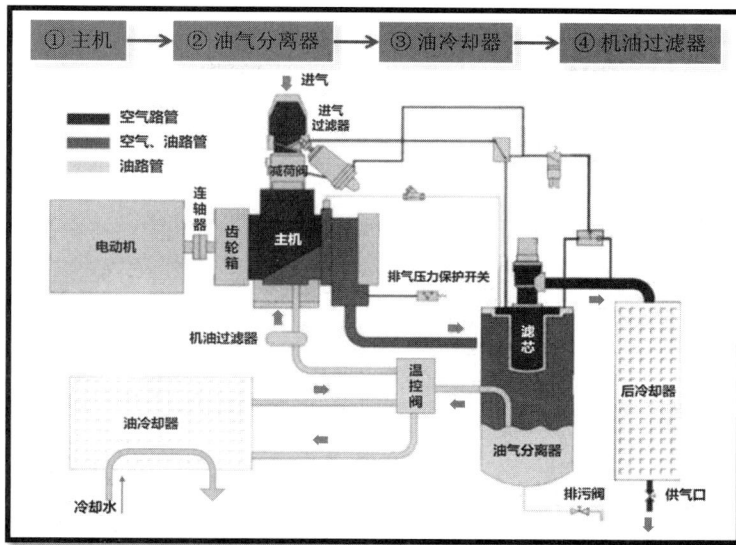

图 1-7　螺杆空气压缩机的油路流程图

1.2　系统主要构成及其功能

1.2.1　主要工作部件及作用

1. 进气过滤器

进气过滤器(也叫空气过滤器)如图 1-8 所示。该过滤器为干式纸质过滤器,主要用于滤除压缩机进口空气中的粉尘等杂质,避免螺杆转子过早磨损。空气过滤器被堵会导致进气量减少,压缩空气压力上不去,为此需要安装压差发信器,监测过滤器的畅通状况,及时提醒用户维保更换。

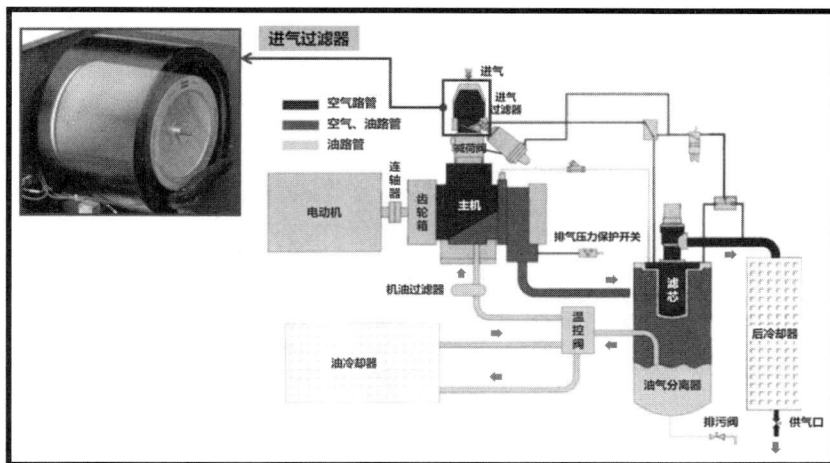

图 1-8　进气过滤器

2．减荷阀

减荷阀如图 1-9 所示。减荷阀的作用是根据系统压力，通过电磁阀的得失电，调整阀的位置以控制空压机进气口的大小，达到控制空压机加、卸载的目的。

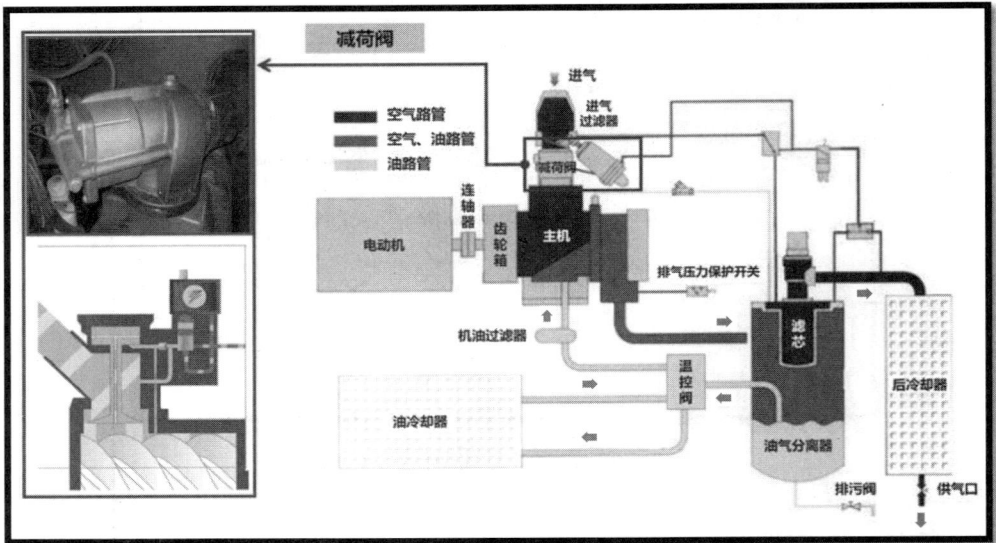

图 1-9　减荷阀

3．电动机及主机系统

电动机及主机系统如图 1-10 所示。其中，主机内有一对等直径相互啮合的转子，叫阴、阳转子，也叫主、副转子。电动机通过弹性联轴器带动阳转子，再由阳转子带动阴转子一起高速旋转，通过这对相互啮合转子的高速旋转，将吸入的空气和油雾进行压缩后排出，实现吸气、压缩、排气三个过程。

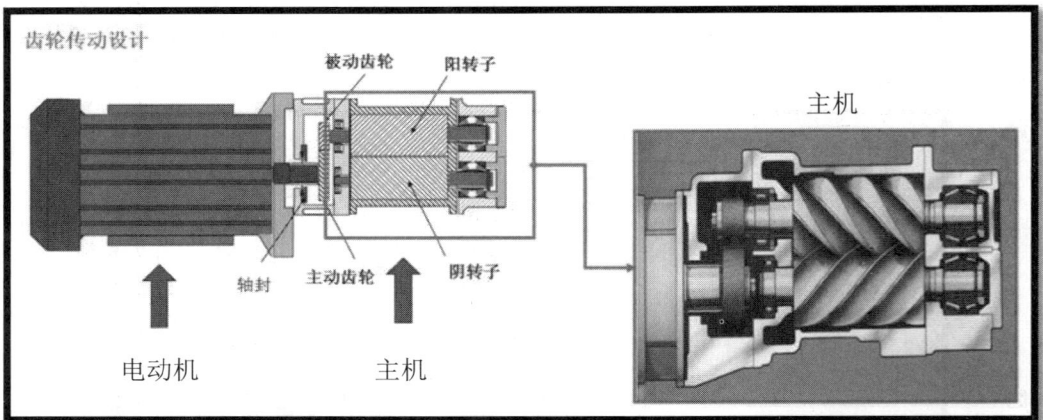

图 1-10　电动机及主机系统

4．油气分离器

油气分离器如图 1-11 所示。油气分离器的作用是分离主机头压缩后的油与气的混合物，同时起储存润滑油的作用。

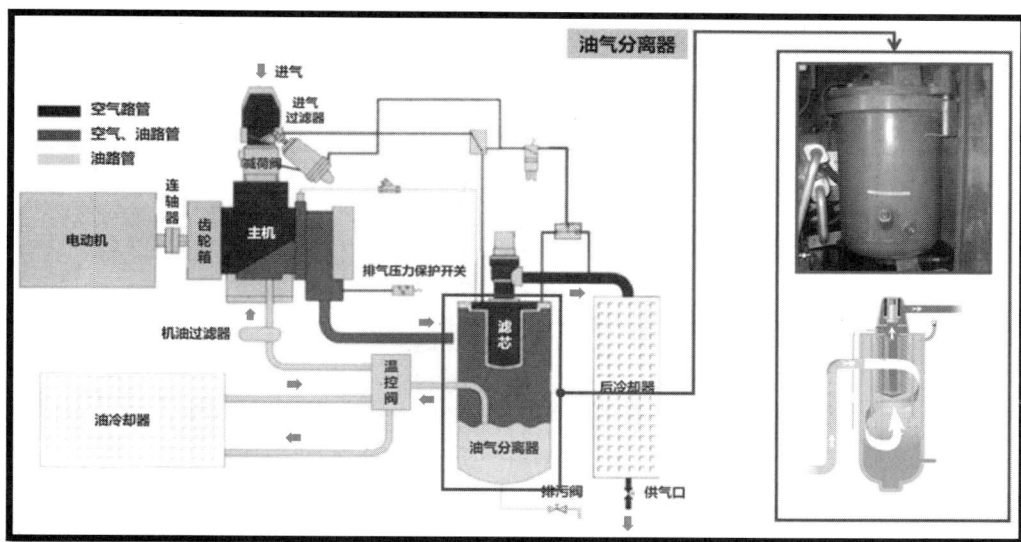

图 1-11　油气分离器

5. 滤芯

滤芯又称滤芯器,也叫油精分离器或油分过滤器。滤芯采用多层细密的特种纤维制成,压缩空气中所含的雾状润滑油经过油气分离器后几乎被完全滤去,但一般会有 5%的油含在压缩空气中。滤芯器可以使油颗粒的大小控制在 1 μm 以下,含油量则可小于 0.01ppm。

6. 机油过滤器

机油过滤器如图 1-12 所示。机油过滤器的作用是过滤油路中的杂质,确保主机正常运行。

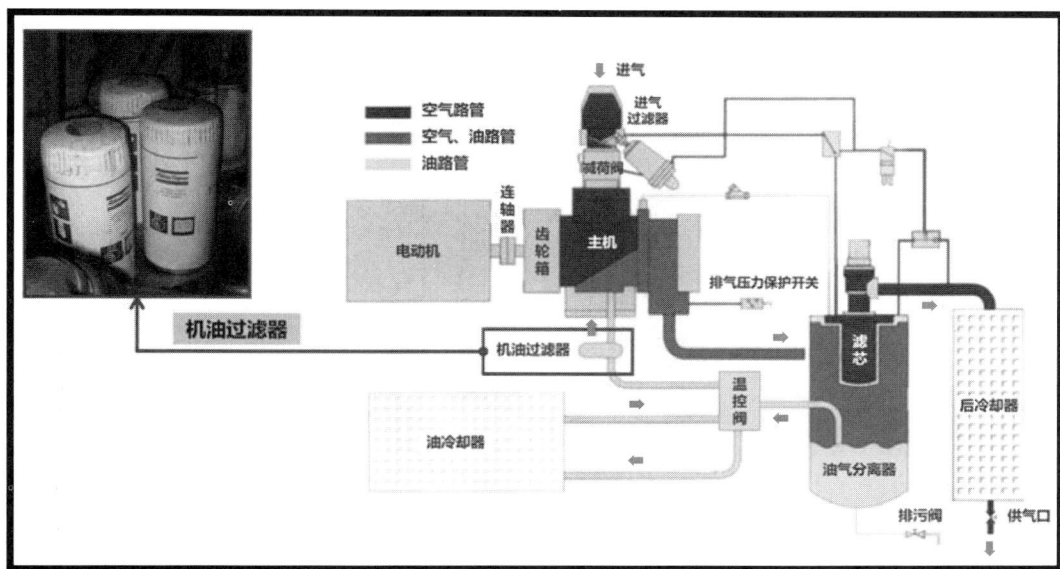

图 1-12　机油过滤器

7. 油冷却器

油冷却器如图 1-13 所示。油冷却器对从油气分离器中分离出来的高温润滑油进行冷却，再循环使用。本案例的冷却器采用水冷方式，使用工厂的循环水，PLC 不参与控制。

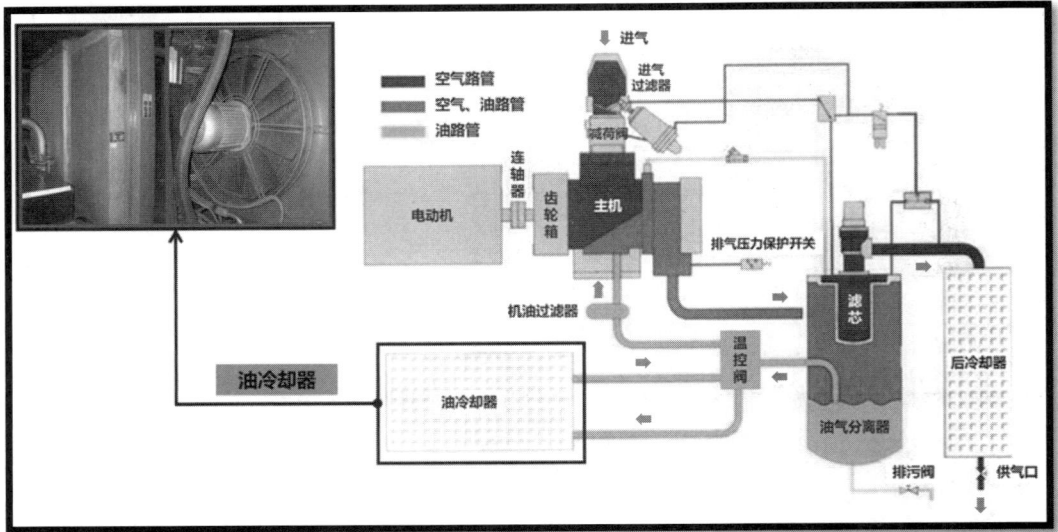

图 1-13　油冷却器

8. 后冷却器与干燥设备

所有的大气空气中都含有水蒸气，当空气被压缩时，水的密度也随之增加。例如一台工作压力为 7 kg(7 bar)、流量为 200 L/s 的压缩机可以将相对湿度为 80%的 20℃的空气在压缩空气管道上释放出 10 L/h 的水。为了避免空压机管道与连接设备中冷凝水的干扰，压缩空气必须是干燥的，干燥过程在后冷却器和干燥设备中实现。

后冷却器内置在压缩机里面，如图 1-14 所示。后冷却器是一种冷却热压缩气体的换热器，主要对从油气分离器中分离出来的高温压缩空气进行降温。

图 1-14　后冷却器

干燥设备与空气压缩机是两个独立的系统，其主要作用是去除压缩空气中的水分。常用的干燥设备如冷干机，一般采用冷干机与空气压缩机串联的方式，如图 1-15 所示。冷干机利用冷媒与压缩空气进行热交换，把压缩空气温度降到 2～10℃范围的露点温度，使压缩空气中的含水量趋于超饱和的状态，从而除去压缩空气中的水分。

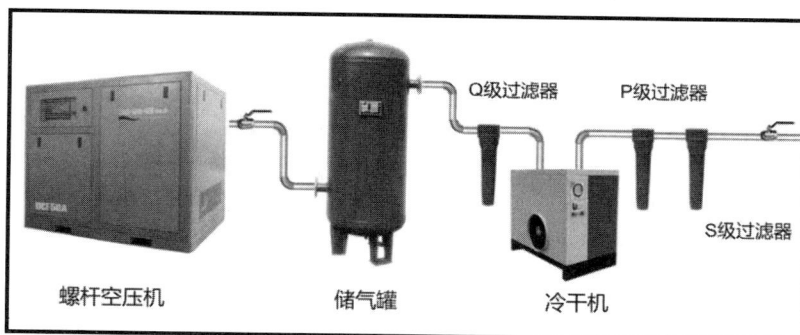

图 1-15　空压机与冷干机串联

本案例的后冷却器采用了水冷方式，直接使用工厂的循环水，PLC 不参与控制。

1.2.2　基于 PLC、变频器的空压机控制系统

1. 系统基本组成

螺杆变频空压机控制系统主要由变频器、PLC(带 PID 调节)、触摸屏、电机(M)、螺杆主机、压力传感器、温度传感器等组成，如图 1-16 所示。

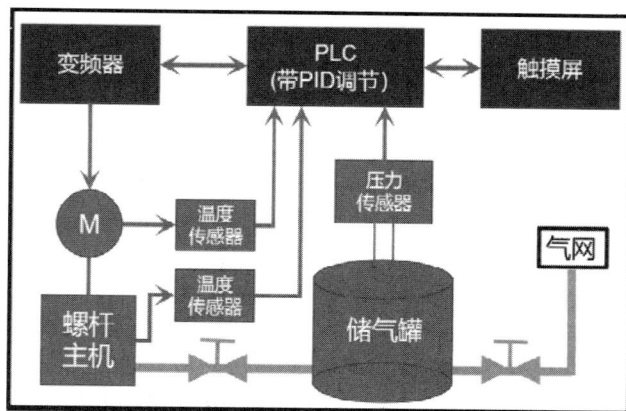

图 1-16　螺杆变频空压机控制系统框图

(1) PLC 在变频空压机站中的主要任务：

① 代替调节器，实现 PID 控制。

② 控制电机的运行与切换(如有多台空压机)。

③ 变频器的驱动控制。恒压供气空压机站中，变频器采用模拟量控制方式，将压力传感器送来的模拟量信号输入到 PLC 中，与给定值比较并经 PID 处理后的模拟量控制信号再传送到变频器中，以此改变变频器的输出频率，从而实现对电机转速的控制。

④ 气站的其他逻辑控制。除了空压机组的运行管理外，气站还有其他逻辑控制工作，如手动、自动操作转换，气站工作状态指示，气站工作异常报警，系统自检等，这些都是

在 PLC 的控制程序中实现的。

(2) 变频器在变频空压机站中的主要任务：

① 为电机提供可变频率的电源，实现电机的无级调速，从而使气网的气压连续变化。

② 可作为电机软启动装置，限制电机的启动电流。

(3) 触摸屏在变频空压机站中的主要任务：监视、控制、设定参数、报警等。

(4) 压力传感器在变频空压机站中的主要任务：检测压缩空气的气压。

(5) 温度传感器在变频空压机站中的主要任务：检测电机轴承温度和螺杆主机温度。

2. 系统主要硬件

基于 PLC、变频器的空压机控制系统的主要硬件清单如表 1-1 所示。

表 1-1　系统主要硬件

序　号	零　件　名　称	图　　示
1	PLC(欧姆龙 NX1P2 控制器)	
2	模拟量扩展单元(欧姆龙 AD3203)	
3	触摸屏	
4	变频器(欧姆龙 3G3RX 系列)	
5	压力变送器(4～20 mA、0～16 kg) 温度变送器(4～20 mA、0～300℃)	

续表

序号	零 件 名 称	图　　示
6	减荷阀	
7	压差发信器	
8	相序器	
9	热继电器	
10	接触器	
11	开关电源(2A)	
12	按钮及开关	

1.2.3　模拟量的采集和处理

本案例使用了欧姆龙 AD3203 模拟量输入单元。模拟量输入单元用于连接电压、电流等传感器，以及电阻与热电偶等，用于实现 PLC 与模拟量过程信号的连接。模拟量输入单元将从过程发送来的模拟信号转换成供 PLC 内部处理用的数字信号，如图 1-17 所示。

第二部分：NX-NJ
系列 PLC 编程知识

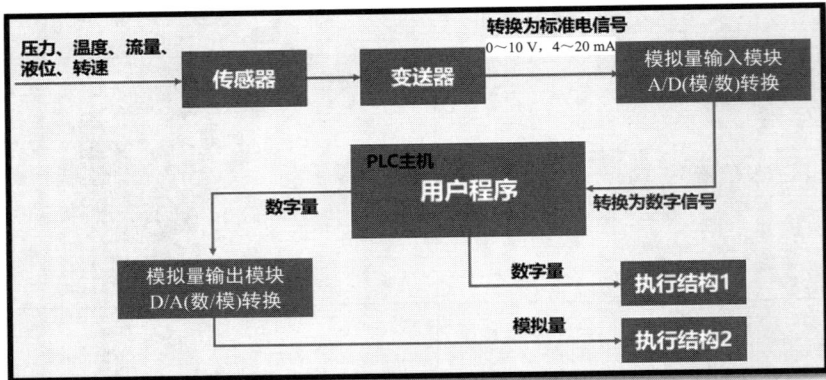

图 1-17　模拟量的采集和处理

PLC 系统的模拟量分为电压信号和电流信号，其中标准电压信号一般有−10～+10 V、0～+10 V 等，标准电流信号一般有 4～20 mA、0～20 mA 等。

本案例使用的 AD3203 模拟量输入模块属于电流型，主要技术参数如表 1-2 所示。当传感器输入 4 mA 电流信号至 AD3203 时，AD3203 将该模拟量转换为十进制数 0，存储在一个 16 位的寄存器内，如果输入信号是 20 mA，则转换为十进制数 8000，由此得出模拟量转数字量的特性图，如图 1-18 所示。

表 1-2　AD3203 主要技术参数

输入点数/点	输入范围/mA	分辨率	转换值(十进制)
4	4～20	1/8000	0～8000

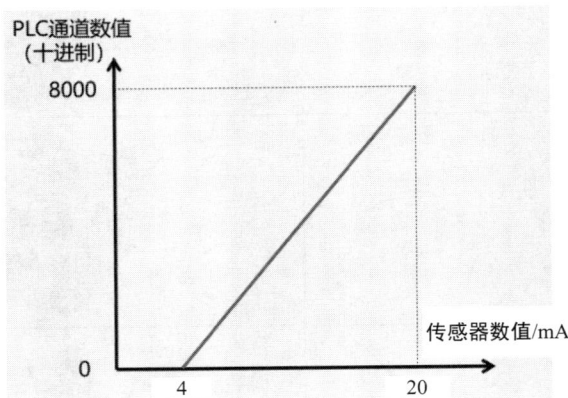

图 1-18　模拟量转数字量

【例 1-1】温度变送器 YCHSM-100H03A1。该温度变送器主要技术参数如表 1-3 所示。

表 1-3　温度变送器主要技术参数

型号	温度范围/℃	输出范围/mA	供电电源	精度
YCHSM-100H03A1	0～300	4～20	DC24V	0.2%

(1) 当温度为 0℃时，变送器输出 4 mA 电流信号，该电信号接入 AD3203 后将转换为十进制数 0。

(2) 当温度为 300℃时，变送器输出 20 mA 电流信号，该电信号接入 AD3203 后将转换为十进制数 8000。

(3) 由此可推导出温度(X)与数字量(Y)的换算公式：$Y = (X \times 8000)/300$，如图 1-19 所示。

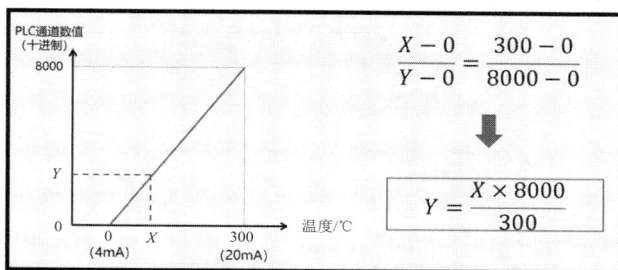

图 1-19　工程量与数字量

(4) 若当前温度为 110℃，根据公式 $Y = (X \times 8000)/300$ 可知，PLC 对应的数字量为 2933。

1.2.4　PID 运算功能

PID 算法诞生于 100 多年前，至今已广泛应用于生产实践之中，其中，P 代表比例(Proportional)、I 代表积分(Integral)、D 代表微分(Derivative)。PID 是一种很常见的控制算法，生活中随处都有 PID 的实际应用，比如平衡小车、汽车定速巡航、四轴飞行器等。当需要将某一个物理量(如温度、转速、压力等)"保持稳定"的场合时，PID 都会派上大用场，它可以将需要控制的物理量带到目标附近，并且可以"预见"这个量的变化趋势，也可以消除因为散热、阻力等因素造成的静态误差。

在空气压缩机的变频恒压控制中就应用了 PID 算法。本案例采用 PLC 提供的 PID 指令实现压力控制，如图 1-20 所示。

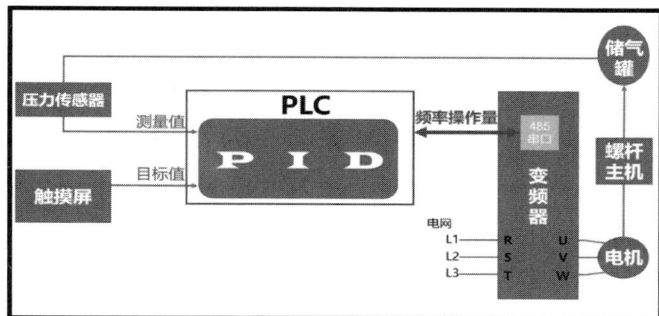

图 1-20　PID 控制简图

本案例使用欧姆龙 NX1P2 控制器的 PIDAT 指令，该指令的具体使用方法详见《OMRON 机器自动化控制器 NJ/NX 系列指令基准手册基础篇》的 PIDAT 部分，如图 1-21 所示。

图 1-21　欧姆龙 NX 系列 PLC 指令手册-模拟量控制指令

1.2.5　PLC 与变频器的 Modbus 通信指令

本案例中，PLC 与变频器的通信连接采用 485 串口，通过 Modbus 通信协议，PLC 将频率、运行、正转、转速信息发送至变频器，并从变频器中读取电机的实际转速及其他故障信息，如图 1-22 和图 1-23 所示。

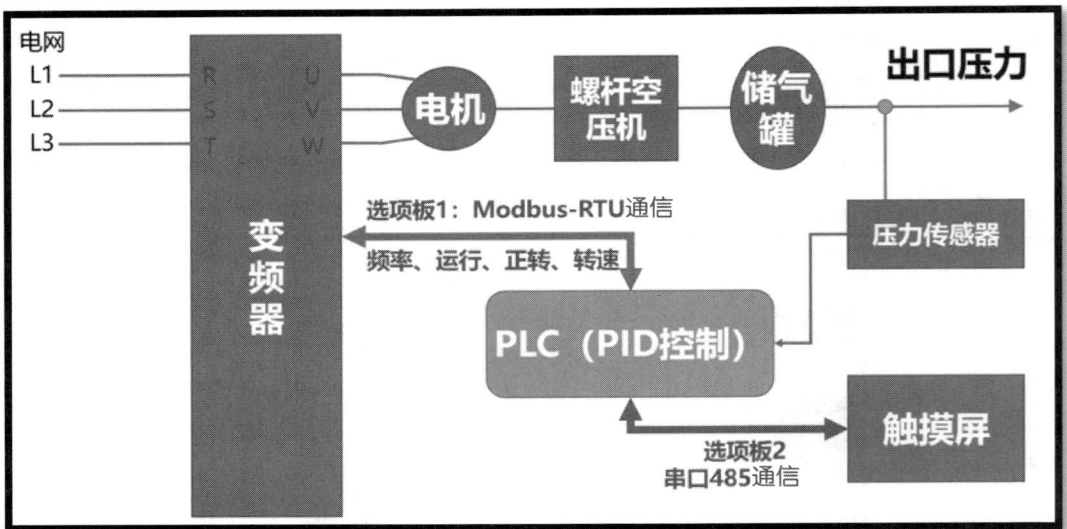

图 1-22　PLC 控制系统原理框图

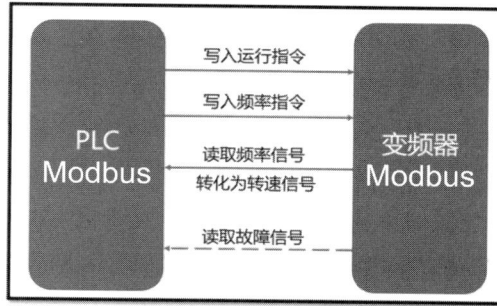

图 1-23　PLC 与变频器的信息交互

NX1P 系列 PLC 提供三种 Modbus 通信指令：NX_ModbusRtuCmd 通用指令(读取及写入)、NX_ModbusRtuRead 读取指令、NX_ModbusRtuWrite 写入指令。PLC 发送电机启动、电机停止、频率、电机转向信号至变频器时，可以使用 NX_ModbusRtuCmd 通用指令或 NX_ModbusRtuWrite 写入指令，PLC 从变频器中读取数据时，可以使用 NX_ModbusRtuCmd 通用指令或 NX_ModbusRtuRead 读取指令。具体指令使用方法详见《OMRON 机器自动化控制器 NJ/NX 系列指令基准手册基础篇》的串行通信指令部分，如图 1-24 所示。

图 1-24　欧姆龙 NX 系列 PLC 指令手册-Modbus 通信指令

1.3　空气压缩机工程现场的控制要求

空气压缩机变频恒压供气系统简图如图 1-25 所示。

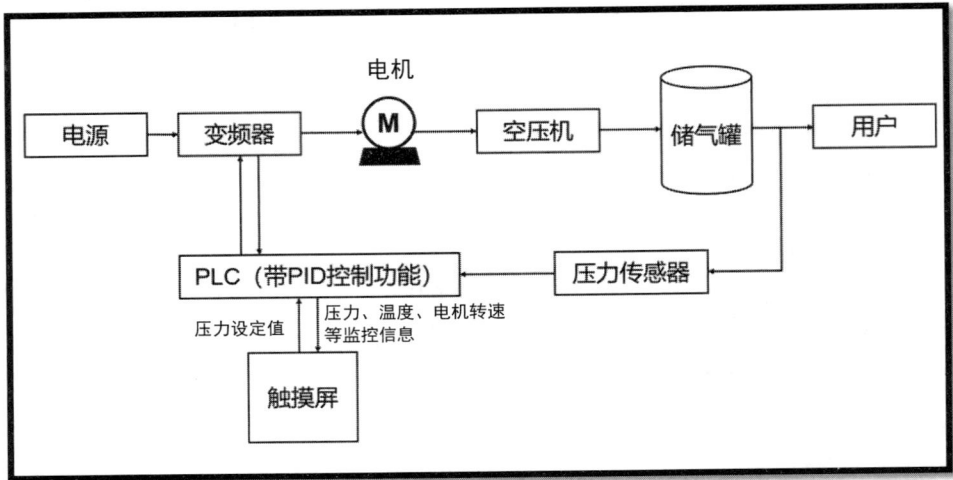

图 1-25　空气压缩机变频恒压供气系统简图

1.3.1　动作要求

(1) 按下启动开关，接通变频器电源，电机变频空载软启动。

(2) 减荷阀动作，打开主机进气口。

(3) 电机为永磁变频电机，不能接至工频运行，需一直由变频器驱动。电机运行过程中，通过 PID 自动调整变频器输出频率，保证系统压力维持在设定值 7.5 kg 左右。

(4) 当系统压力≥8 kg 时，关闭减荷阀，不再吸入空气制造压缩空气，确保系统压力安全。

(5) 当变频器输出频率小于 30% 的电机额定频率时，关闭减荷阀，10 min 后，如果频率仍然不高于 30% 的额定频率，则关闭变频器输入电源。

(6) 关闭变频器后，如果系统压力低于 5 kg，则减荷阀动作，重新启动变频器。

1.3.2　控制要点及保护机制

(1) 空气压缩机的控制要点主要有压力、温度、过滤器清洁度、电机转向等，如表 1-4 所示。

表 1-4　空气压缩机控制要点

控制对象	控制要点	具 体 方 案
气	压力安全	(1) 在油气分离器的排气口处安装压力传感器，系统通过 PID 自动调节电机频率，形成闭环控制，使压力稳定在用户设置值(如 7.5 kg)左右； (2) 如果由于其他原因导致系统压力超过 8 kg，则立即关闭减荷阀，关闭进气口，不再压缩空气，确保压力安全
	温度适宜	油气混合物的气温度过低时，油会乳化，乳化的油循环进入机头将导致机头受损。因此在机头排气口附近安装温度传感器，及时进行故障报警
	进气洁净、通畅	(1) 进气过滤器使用时间久了，表面附着的很多灰尘会导致滤网堵塞、进气量减少，压缩空气压力上不去，此时需要更换新的过滤器； (2) 滤芯器堵，压缩空气杂质多，气体品质下降，为此在进气过滤器和滤芯器上安装压差发信器，监测过滤器的洁净度，及时预警提醒维护人员更换过滤器
	供气干燥	空气压缩机串联冷干机是普遍的方案，冷干机利用冷媒与压缩空气进行热交换，把压缩空气温度降到 2～10℃范围的露点温度，使压缩空气中含水量趋于超饱和的状态，从而除去压缩空气中的水分
油	油温适宜	安装温控阀，高温的油流经冷却器进行冷却后再进入主机
	油品洁净	机油过滤器使用时间久了，表面附着的很多污垢会导致滤网堵塞，使进入机头的油量减少，导致机头温度升高，甚至有烧毁风险，为此在过滤器上安装压差发信器，监测过滤器的洁净度，及时预警提醒维护人员更换过滤器
螺杆主机	保持机体清洁	通过安装进气过滤器，确保进入主机的空气不含粉尘颗粒；通过安装油过滤器，确保进入主机的润滑油不含颗粒杂质
	防止高温	通过机头排气口的温度传感器，进行高温报警和超高温停机的控制
电机	软启动	变频软启动
	不允许反转	安装相序器，防止缺相或相序错
	防止过载	在电机主回路上安装热继电器
	防止高温	安装电机轴承温度传感器

(2) 根据控制要点及安全需要，制定空气压缩机的保护机制，如表 1-5 所示。

表 1-5　空气压缩机保护机制

保护机制	触 发 事 件
停机保护	电机过载、电机电源相序错或缺相
	螺杆主机温度≥110℃
	电机轴承温度≥100℃
	高压空气排气压力≥8 kg
报警提示	进气过滤器堵
	机油过滤器堵
	滤芯器(油精分离器)堵
	100℃≤螺杆主机温度<110℃

(3) 系统程序控制方案。

根据表 1-4 控制要点及表 1-5 保护机制的要求，拟采用如图 1-26 所示的控制方案。

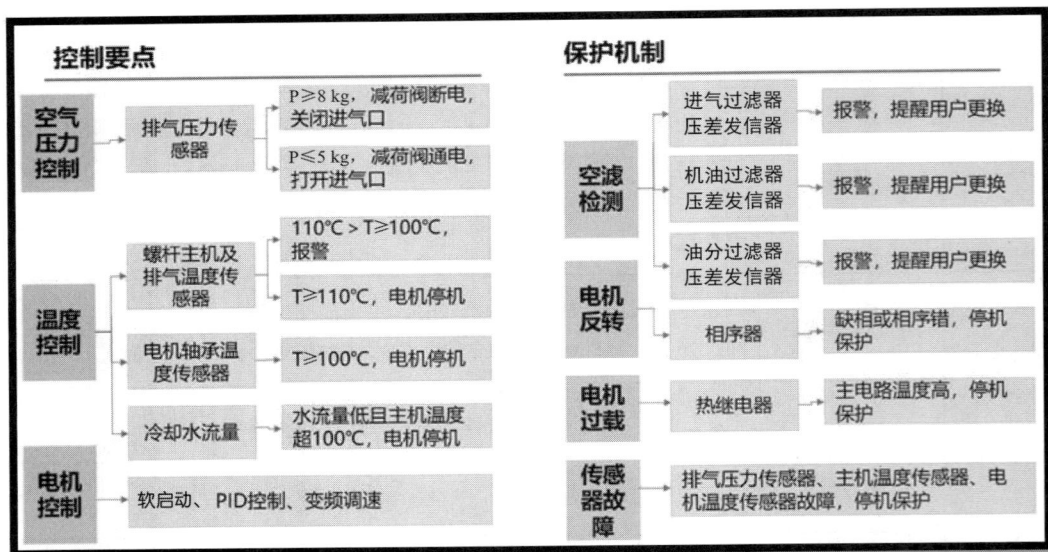

图 1-26　空气压缩机控制系统方案

主程序流程图如图 1-27 所示，过程监控程序流程图如图 1-28 所示。

开始

上电初始化

启动开关

压力≤5 kg　N

变频软启动

减荷阀打开
（加载）

PID调节

压力=7.5 kg　N

f≤30%f_n　N

压力≥8 kg　N

压力≤5 kg　N

减荷阀关闭

减荷阀关闭
（卸载）

T=3 s　N

T=10 min 且
f≤30%f_n　N

高压报警

低压报警

变频器关闭

压力≤5 kg　N

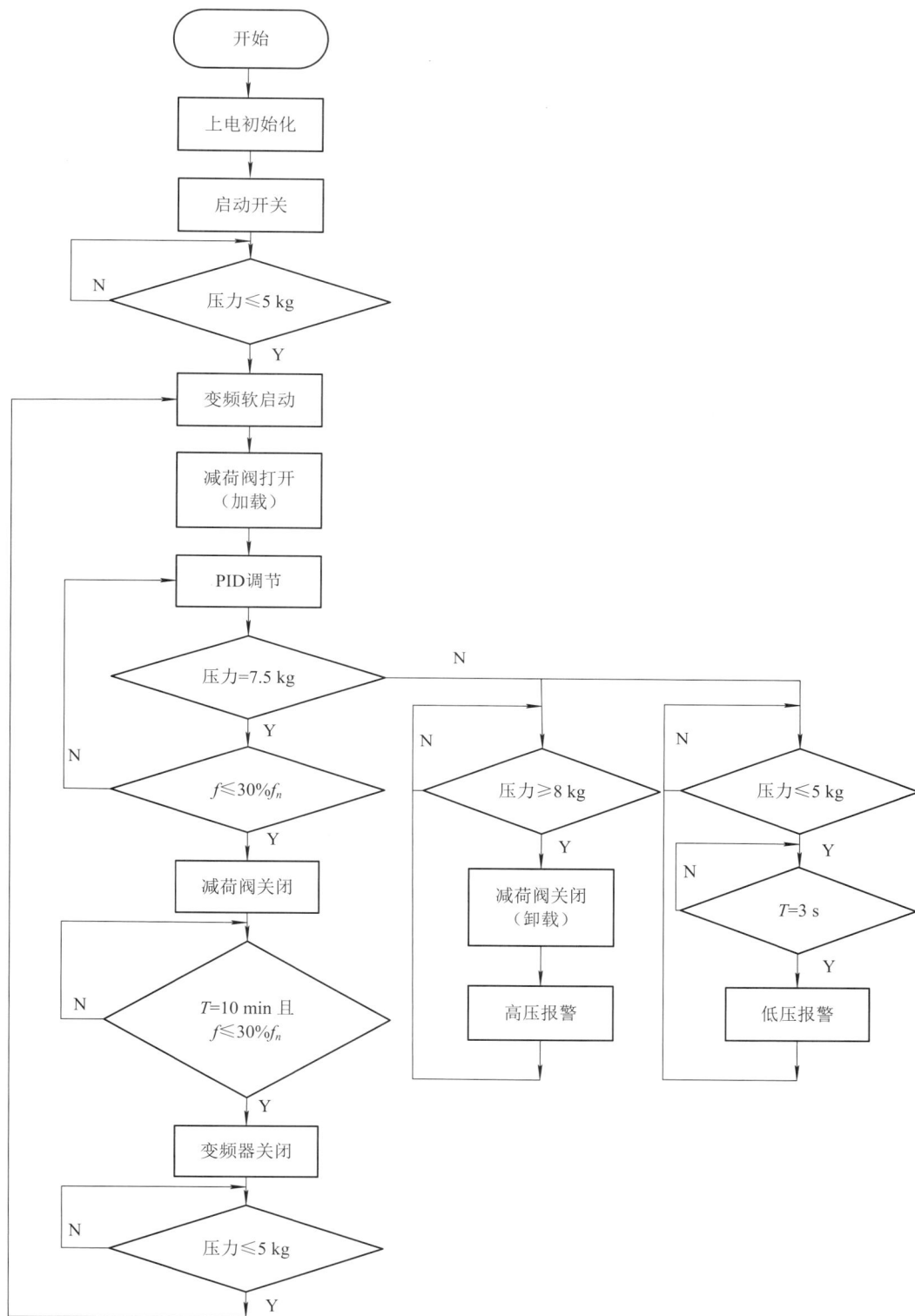

图 1-27　主程序流程图

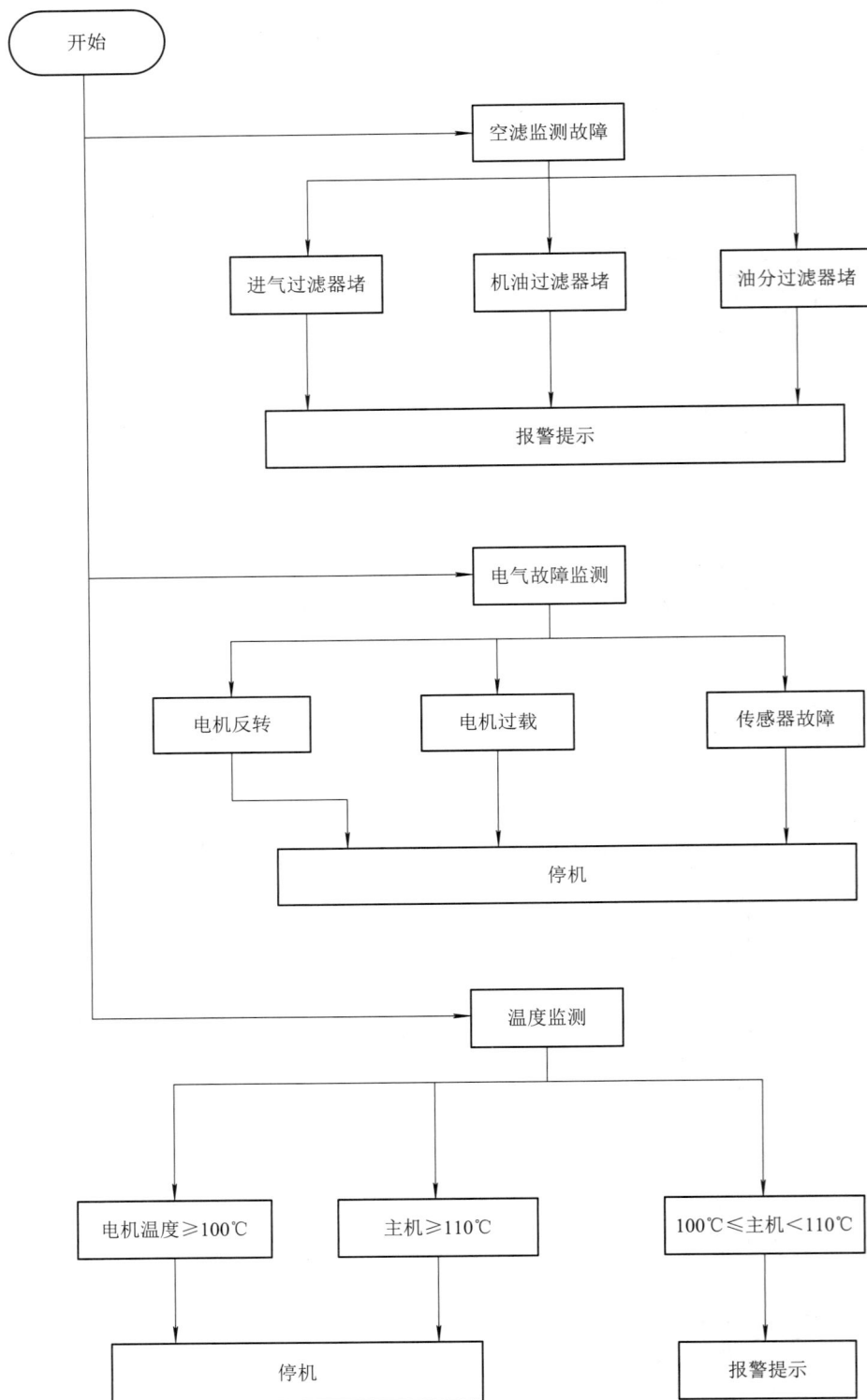

图 1-28　过程监控程序流程图

1.3.3　系统 I/O 统计表

空压机控制系统模拟量输入信号有 3 个，开关量输入信号有 9 个，开关量输出信号有 2 个，如表 1-6 所示为其 I/O 统计表。

表 1-6　系统 I/O 统计表

序号	零件清单	用　　途	I/O 分类
1	压力传感器	测量排气压力	I:模拟量输入
2	温度传感器	测量主机及排气温度	I:模拟量输入
3	温度传感器	测量电机轴承温度	I:模拟量输入
4	压差发信器	检测进气过滤器压差	I:开关量输入
5	压差发信器	检测油滤压差	I:开关量输入
6	压差发信器	检测油精分压差	I:开关量输入
7	热继电器	检测电机过负荷状态	I:开关量输入
8	相序器	检测电源相序状况	I:开关量输入
9	水流量开关	检测冷却水流量	I:开关量输入
10	启动开关	空压机启动	I:开关量输入
11	停止开关	空压机停止	I:开关量输入
12	加载开关	空压机人工加载	I:开关量输入
13	KM1	主接触器(电机电源)	Q:开关量输出
14	减荷阀	降低进气量	Q:开关量输出

根据表 1-6 合理选择 PLC 及其模拟量扩展单元的型号。本案例中采用欧姆龙 NX1P 系列的 PLC，具体技术指标见表 1-7。

表 1-7　PLC、扩展单元型号及基本技术指标

序号	零件名称	型号	数量	技术指标
1	可编程序控制器	欧姆龙 NX1P2-9024DT	1	供电电源：220 V DC 输入 14 点 NPN 晶体管输出 10 点
2	模拟量输入模块	欧姆龙 NX-AD3203	1	输入点数：4 点 输入范围：4～20 mA 分辨率：1/8000 转换值(十进制)：0～8000 精度：±0.2%

1.3.4　系统电路图

空压机控制系统电路图如图 1-29 所示。

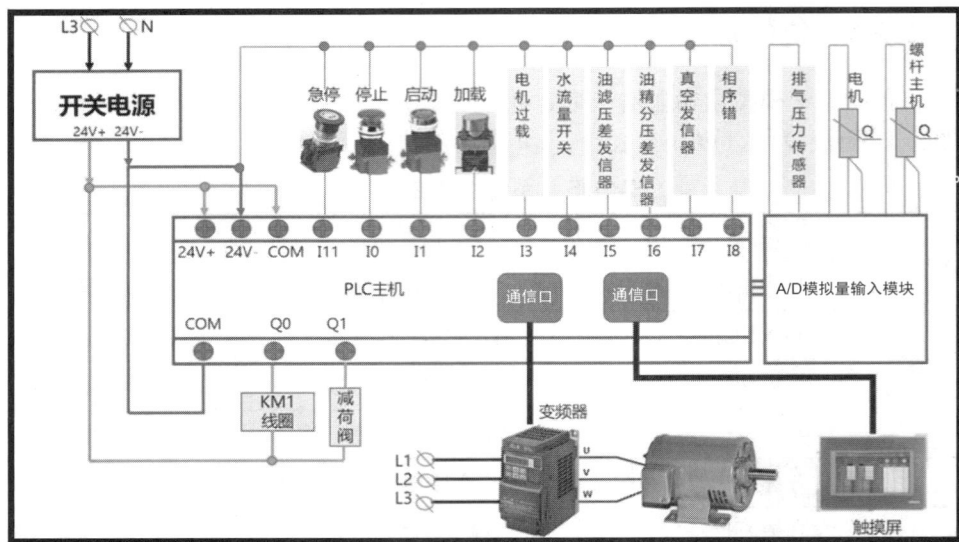

图 1-29　系统电路图

1.3.5　PLC 程序设计

　　欧姆龙 NX、NJ 系列 PLC 的编程软件为 Sysmac Studio，如图 1-30 所示。

第三部分：PLC 程序设计

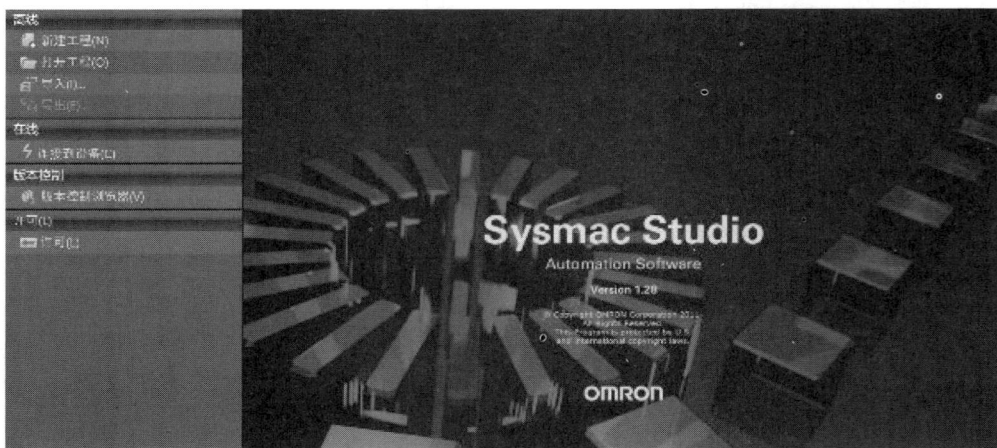

图 1-30　NX、NJ 系列 PLC 专用编程软件 Sysmac Studio

　　Sysmac Studio 自动化软件提供了一个集成的开发环境，用于设置、编程、调试、维护 NX/NJ 系列 PLC 控制器和其他机器自动化控制器以及 EtherCAT 从站。

　　编程的一般步骤：创建新工程→NX1P2 系统配置和设置→编写程序→编译→模拟运行→下载至 PLC。

1. 创建新工程

1) Sysmac Studio 的启动和退出

PLC 硬件组态 1

　　双击桌面上的 Sysmac Studio 图标，或从 Windows 开始菜单中选择"所有程序(P)"→

"OMRON"→"Sysmac Studio"，即可启动 Sysmac Studio 软件。

Sysmac Studio 启动后，点击标题栏右上角的"退出"按钮，或从"文件"菜单中选择"退出"，即可关闭 Sysmac Studio 软件。

2）创建新工程文件

打开 Sysmac Studio 软件，创建一个新工程：在工程视图中点击"新建工程"按钮，弹出工程属性对话框，在该对话框中输入工程名称、作者、注释，并选择工程类型、设备类型、设备型号和设备版本号。如图 1-31 所示，在"工程名称"文本框中输入"变频空压机控制系统"，将"设备"选择为"NX1P2-1040DT"，将"版本号"选择为"1.16"，最后点击"创建"按钮，一个新工程即创建完毕，如图 1-32 所示。

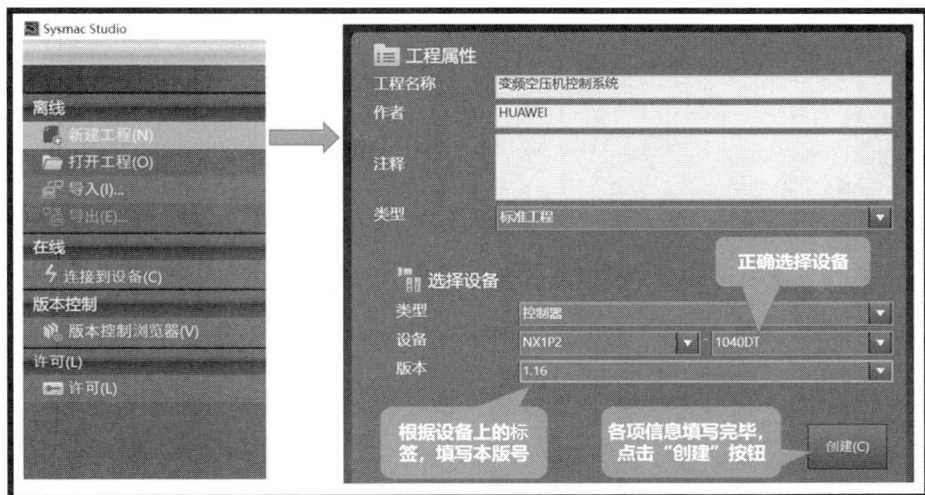

图 1-31　创建新工程

图 1-32　新工程窗口

2. NX1P2 系统配置和设置

1) CPU 配置

如图 1-33 所示，软件窗口左侧为多视图浏览器。通过这个面板可以访问所有 Sysmac Studio 数据。视图浏览器分为"配置和设置""编程"两大项，每一项的内容均以树状结构显示。

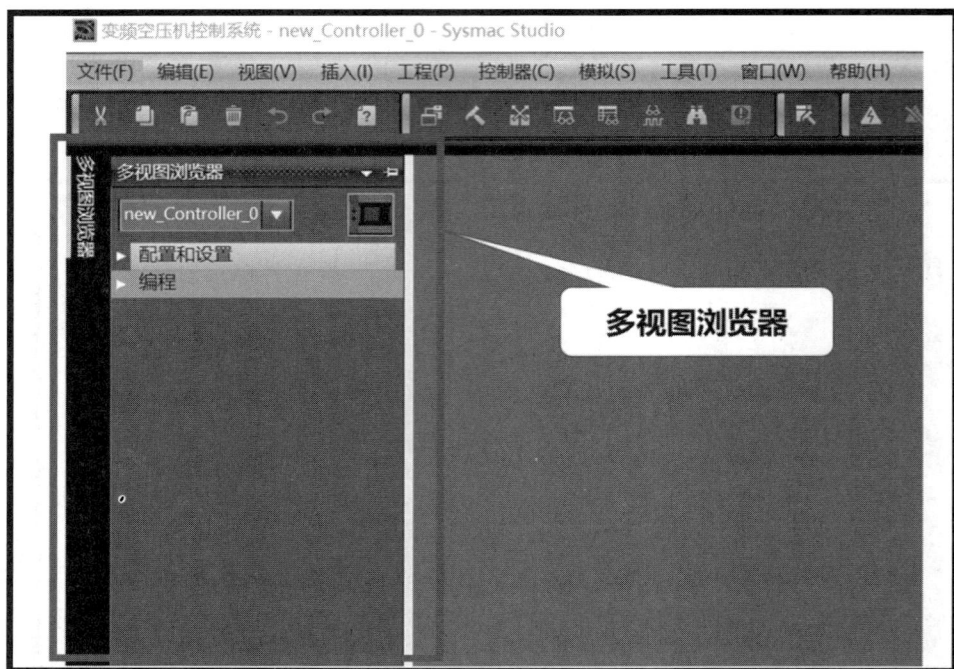

图 1-33　多视图浏览器窗口

设置步骤如下：

(1) 点击"配置和设置"前面的▶图标，展开树状结构。

(2) 在展开的结构树中找到"CPU/扩展机架"项，点击前面的▶图标，展开其下的树状结构，双击"CPU 机架"，右侧窗口将出现"CPU/扩展机架"窗口，如图 1-34 所示。

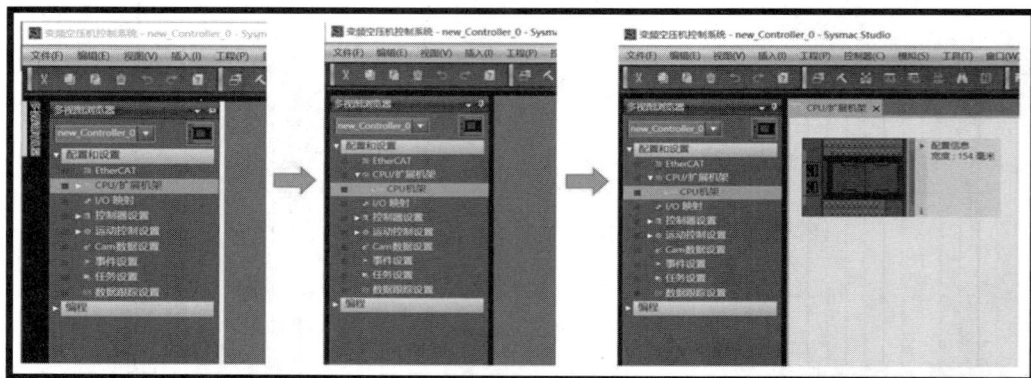

图 1-34　打开"CPU/扩展机架"窗口

（3）在软件界面右侧"工具箱"窗口的搜索栏中输入"AD3203"，找到 NX-AD3203 模拟量输入扩展模块，如图 1-35 所示。

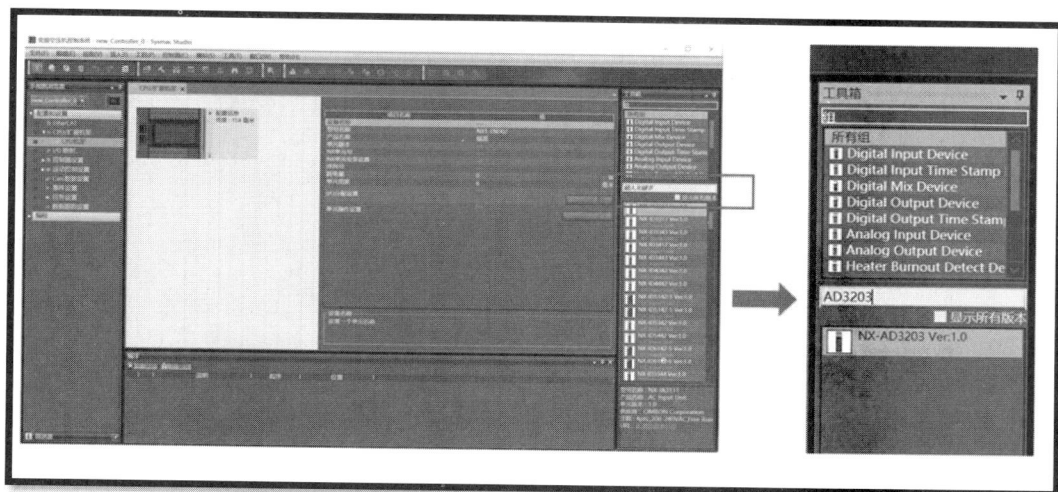

图 1-35　搜索 NX-AD3203 模拟量输入扩展模块

（4）用鼠标左键点中 NX-AD3203 Ver:1.0，将其拖曳到左侧"CPU/扩展机架"窗口中的 CPU 单元后方，当出现如图 1-36 所示的橘黄色直线时，松开鼠标，此时 NX-AD3203 模拟量输入扩展模块就装配至 NX1P2 主机上了。

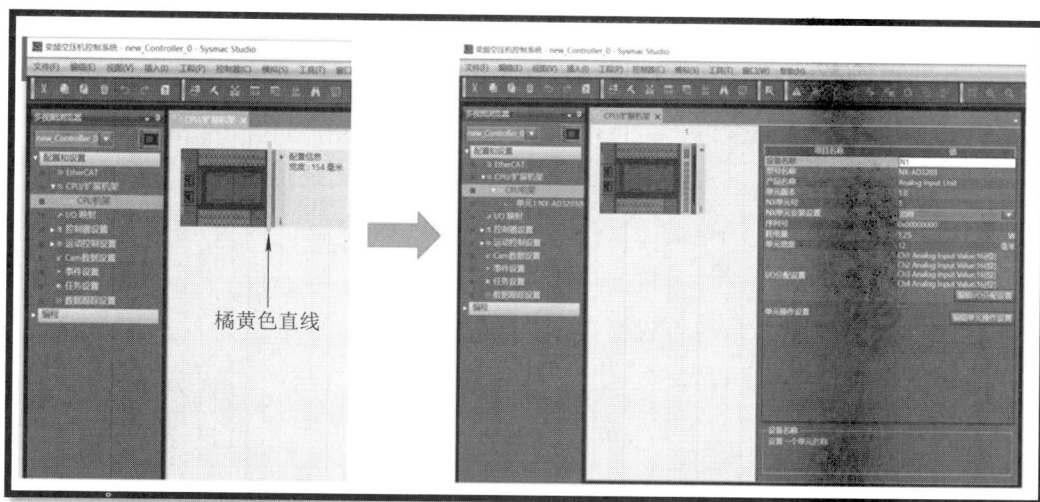

图 1-36　扩展机架装配

2）PLC 与触摸屏的通信设置

NX1P2 控制器通过选项板 NX1W-CIF01 与 NX 触摸屏进行通信(RS232C 通信方式)，如图 1-37 所示。NX1W-CIF01 支持 RS232C，支持 Hostlink(fins)、Modbus-RTU 主站，支持无协议三种通信方式。

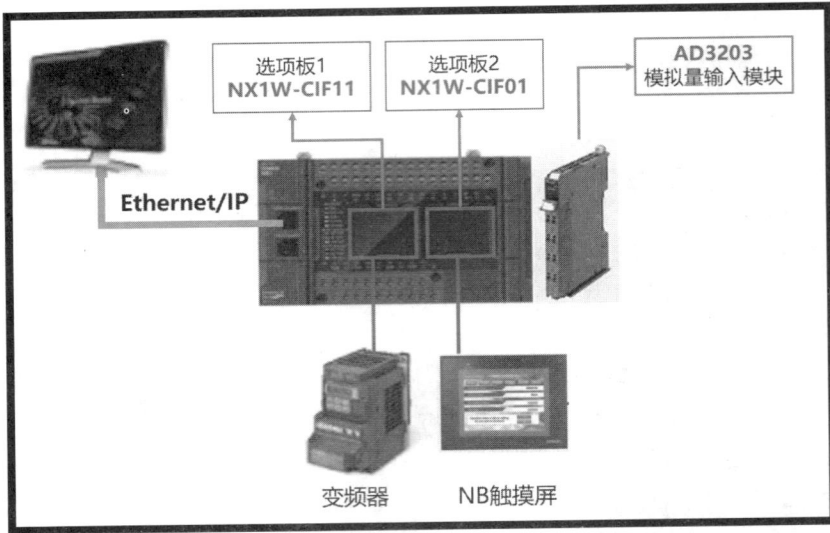

图 1-37　NX1P2 控制器的通信网络

设置步骤如下：

(1) 在 Sysmac Studio 的项目软件中，打开"配置和设置"→"控制器设置"→"选项板设置"，设置选项板 2 并填写参数，如图 1-38 所示。(实训台的 NX1P2 控制器，选项板 NX1W-CIF01 安装在第二个槽位。)

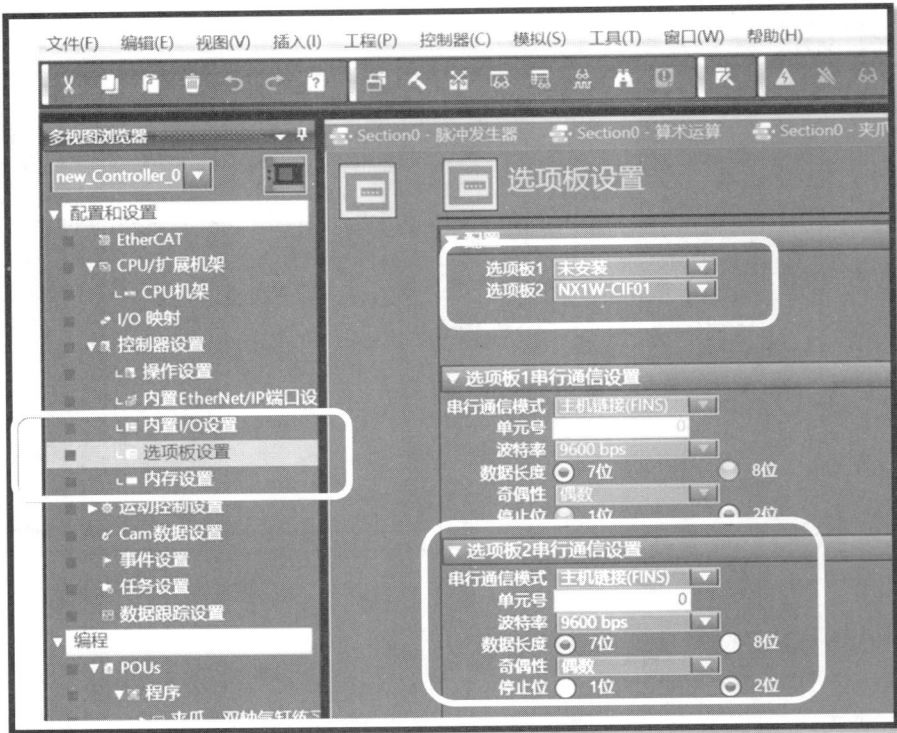

图 1-38　NX1P2 控制器选项板参数设置

(2) 设置 NB-Designer 串口通信，双击 NB-Designer 组态窗口中的 HMI 图标，在弹出的设置窗口中点击"串口 1 设置"，如图 1-39 所示。

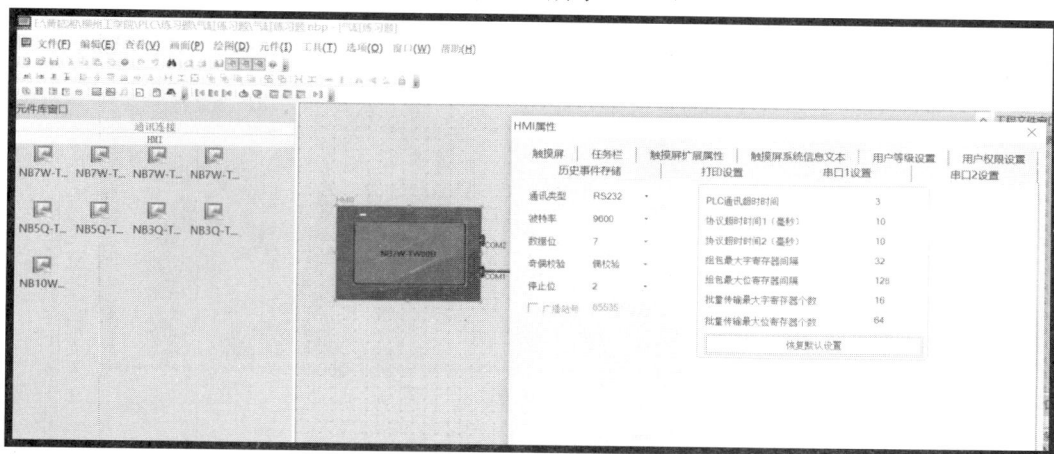

图 1-39　NB-Designer 串口通信设置

3) PLC 与变频器的通信设置

NX1P2 控制器通过选项板 NX1W-CIF11 与变频器通信(RS485)，如图 1-37 所示。

设置步骤如下：

(1) 在 Sysmac Studio 项目软件中，打开"配置和设置"→"控制器设置"→"选项板设置"，设置选项板并填写参数，如图 1-40 所示。(按图 1-37 接线，选项板 NX1W-CIF11 安装在第一个槽位，选项板 NX1W-CIF01 安装在第二个槽位。)

图 1-40　NX1P2 控制器选项板参数设置

(2) 设置变频器 Modbus 通信参数。变频器的 Modbus 通信参数与 PLC 的 Modbus 通信参数设置一致，如图 1-41 所示。

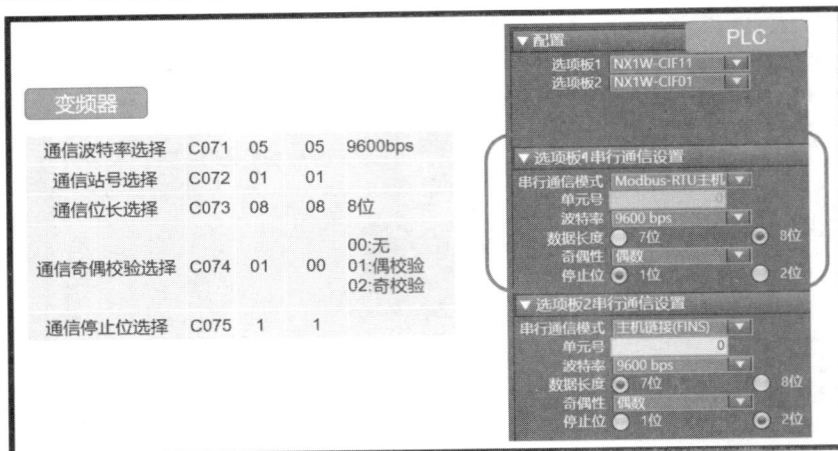

图 1-41 变频器参数设置

4) PLC 与上位机/PC 的通信设置(PLC 与上位机通过以太网通信)

NX1P2 控制器通过 Ethernet/IP 与上位机/PC 通信，如图 1-42 所示。

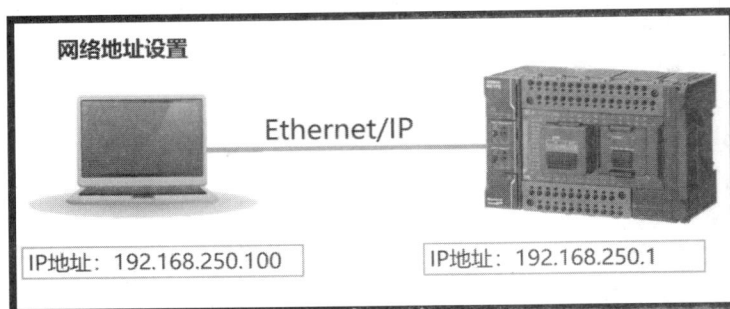

图 1-42 网络地址设置

IP 地址设置步骤如下：

(1) 设置 NX1P2 网络 IP 地址，如图 1-43 所示。

图 1-43 NX1P2 网络 IP 地址设置

(2) 连接好网线后, 设置 PC 端的 IP 地址为 192.168.250.XX, 例如 192.168.250.100(前三个数值必须与 PLC 的 IP 地址前三位一致, 最后一个数值不能相同)。

5) 为 NX1P2 主机及模拟量扩展单元的 I/O 端口分配设备变量

设置步骤如下:

(1) 双击软件界面左侧 "多视图浏览器" 下的 "I/O 映射", 打开 "I/O 映射" 窗口, 如图 1-44 所示。

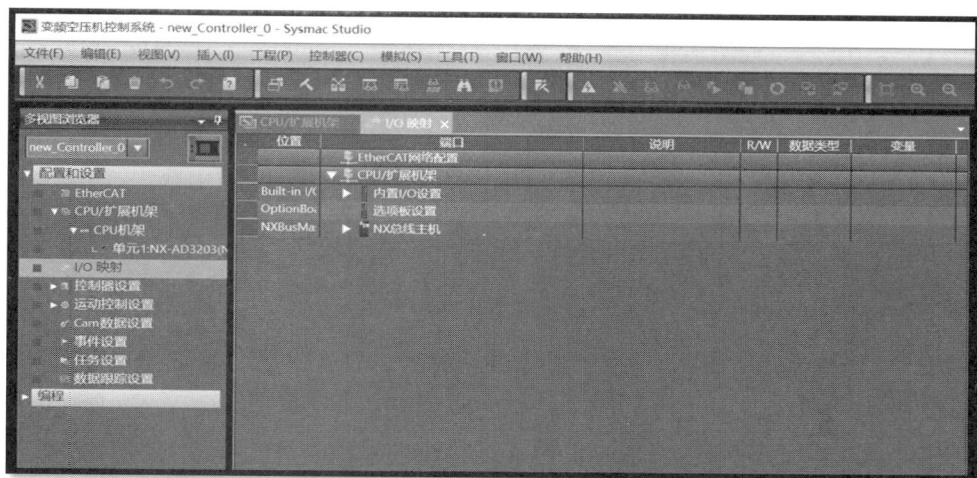

图 1-44　"I/O 映射"窗口

(2) 点击 "I/O 映射" 窗口中 "内置 I/O 设置" 前的 ▶ 图标, 根据表 1-6 为 NX1P2 主机的开关量 I/O 端口分配设备变量, 如图 1-45 所示。(Sysmac Studio 的用户程序是通过设备变量访问主、从站和扩展单元的, 而 I/O 端口自动登记在 I/O 映射中, 因此编写程序前, 需在 I/O 映射中对使用到的 I/O 端口分配设备变量。)

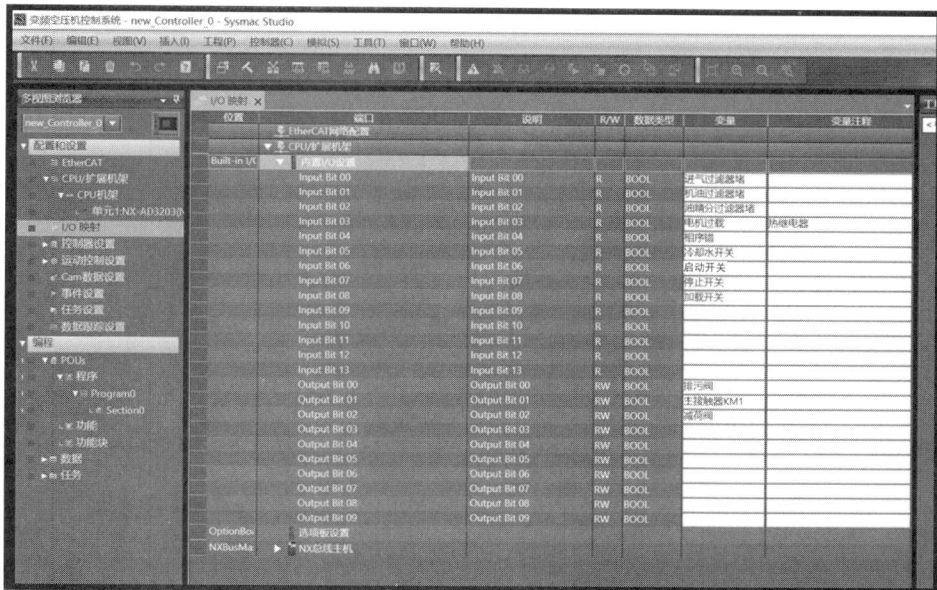

图 1-45　NXIP2 开关量 I/O 端口的变量设置

(3) 点击"I/O 映射"窗口中"NX 总线主机"前的▶图标，展开其下结构树，再点击"NX-AD3203"前的▶图标，根据表 1-6 为模拟量输入模块 AD3203 的 I/O 端口分配设备变量，如图 1-46 所示。

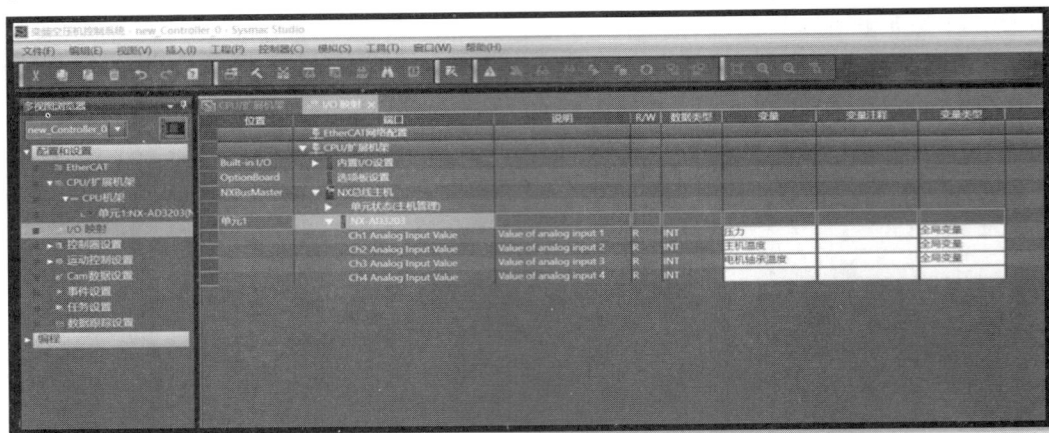

图 1-46　AD3203 扩展模块 I/O 端口的变量设置

3. 编写程序

1) 程序思路及相关设置

(1) 按功能将程序分为 4 个程序块：逻辑控制及报警程序、模拟量转换程序、PID 运算程序、变频器通信程序。

变频空压机程序
编写简述

(2) 操作方法：点击"多视图浏览器"中"编程"前的▶图标，展开结构树，鼠标移至"程序"，点击右键，在弹出的"添加"选择框中点击"梯形图"，依次创建 4 个程序块，如图 1-47 所示。

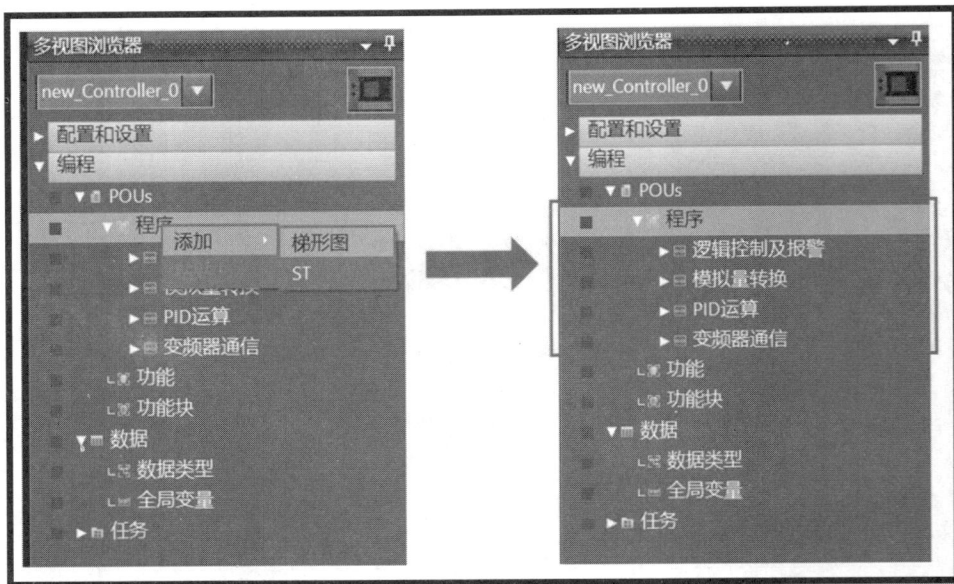

图 1-47　程序模块

（3）将程序分配到任务中：点击"多视图浏览器"中"配置和设置"前的▶图标，点击"运动控制设置"前的▶图标，展开结构树，点击"任务设置"，在打开的任务设置窗口中点击左侧的■图标，添加 4 个程序到"PrimaryTask"中，如图 1-48 所示。

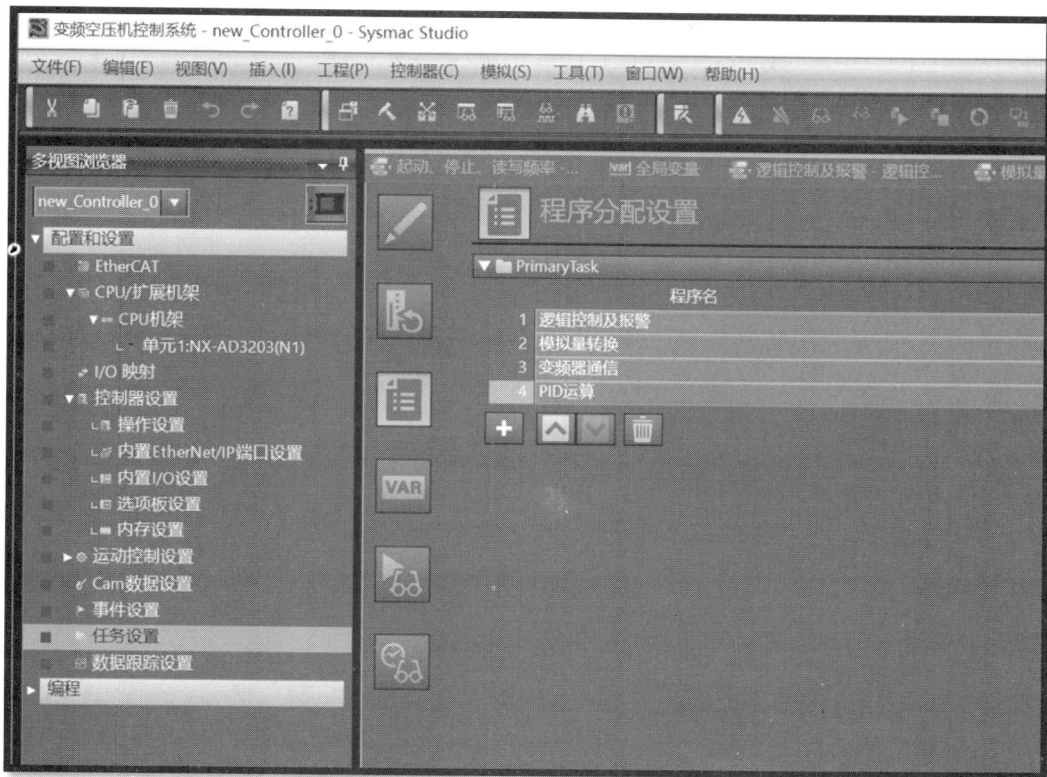

图 1-48　程序任务分配设置

（4）程序中使用到内部继电器 WR 区和内部数据寄存器 D 区，需点击"多视图浏览器"中"控制器设备"前面的▶图标，展开结构树，再点击"内存设置"，勾选"WR"区域和"DM"区域，如图 1-49 所示。

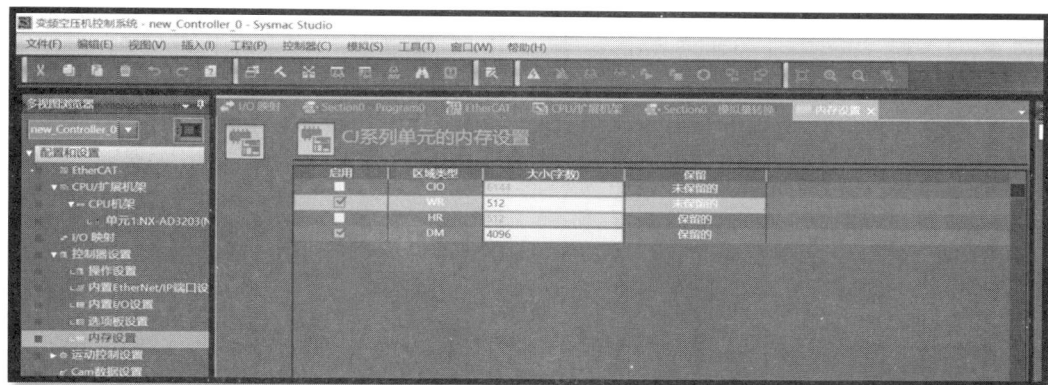

图 1-49　PLC 内存设置

2) 程序编写

在 Sysmac Studio 中，使用变量与 PLC 外部设备交互 I/O 信息，程序中使用到的各种软元件(辅助继电器、数据寄存器、计数器、定时器、指针等)也是通过变量建立对应关系的。也就是说，变量是一个数据的容器。变量存储的是与外部设备交换的 I/O 数据，以及存储 POU 程序组织单元中(程序、功能、功能块)的各种临时数据。变量有名字、数据类型和其他属性。

因此在编写程序时，首先需要进行变量登记(或变量设置)，一般不需要为变量分配具体的一个内存地址，而在需要时分配一个特定的内存地址。例如，触摸屏的按钮开关与 PLC 的位地址建立对应关系，通过触摸屏的按钮开关置位或复位 PLC 某个位元件，这时就需要在 PLC 程序中为这一变量分配具体的地址。

对于 4 个程序都使用到的变量则设置为全局变量(PLC 的 I/O 端口对应的变量也为全局变量)；本程序内部使用的变量则设置为本地变量。

全局变量登记如图 1-50 所示：点击"多视图浏览器"中"编程"前面的▶图标，点击"数据"前面的▶图标，展开结构树，再点击"全局变量"，在打开的"全局变量"窗口中登记各类变量，其中"压力(kg)""压力设定值""变频器输入频率""主机温度""电机轴承温度"需要在触摸屏上输入数值或显示数值，所以需要给这些变量分配具体的 PLC 内存地址，分别是%D0、%D12、%D16、%D4、%D8。

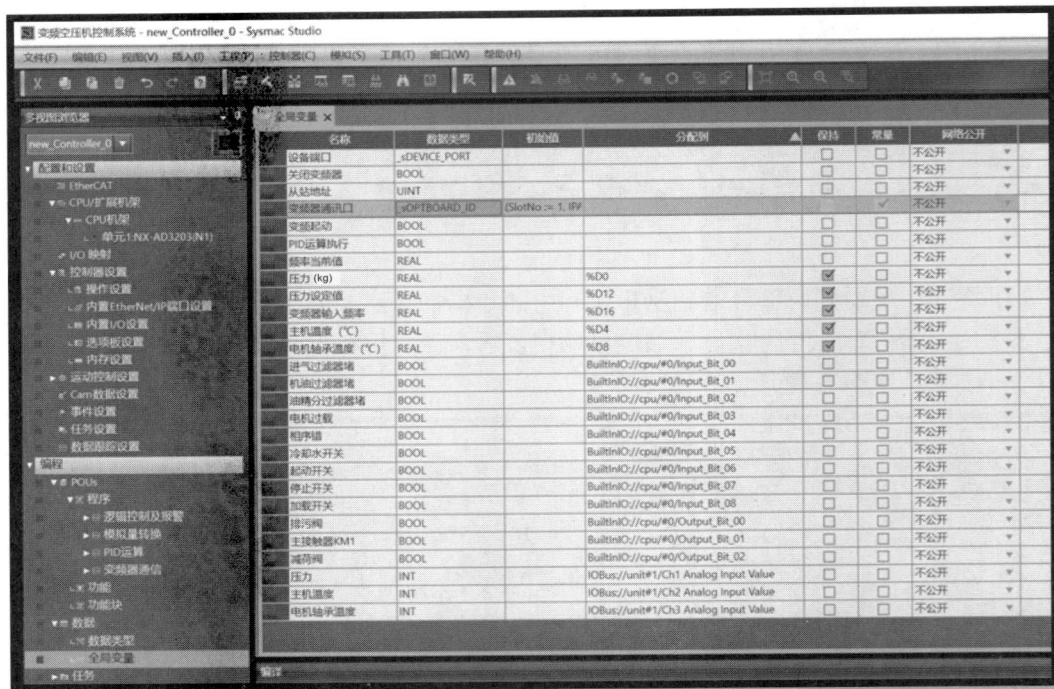

图 1-50　全局变量登记

举例说明：变量"压力(kg)"的数据类型是 REAL，数据长度是 2 个字节，若分配%D0的内存地址，则该变量所占的内存地址是 D0、D1。分配地址时需要根据变量的数据类型确定存储器的数量，避免与其他变量的内存地址重叠。

(1) 逻辑控制及报警程序编写。

① 逻辑控制及报警程序的本地变量登记，如图 1-51 所示。

图 1-51　逻辑控制及报警程序的本地变量登记

② 编写程序，逻辑控制及报警程序如图 1-52 所示。

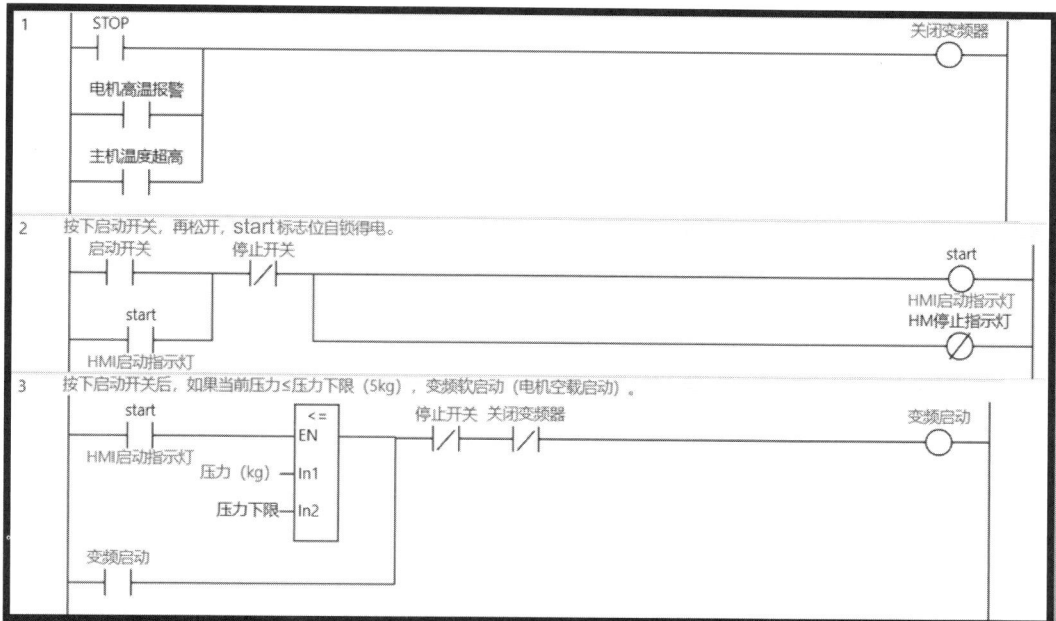

4 电机空载启动，延时1秒，减荷阀动作，打开进气口，开始压缩空气。

变频启动　　　T1　　　　关闭减荷阀　卸载　　　　　　　　　　　减荷阀
　┤├　　　　TON
　　　　　　In　Q　　　　┤/├　　┤├
　　　　T#1s─PT　ET ─*输入变量*

5 (1) 当管网压力≥压力设定值 (7kg)，且变频器输出频率低于电机额定频率的30%时，说明用户用气量很少，此时关闭减荷阀。
(2) 若该状态持续10分钟，关闭变频器。

变频启动　减荷阀　　>=　　　　　　　<=　　　　　　　　　　　　关闭减荷阀
　┤├　　┤├　　EN　　　　　　　EN
压力 (kg) ─In1　　频率当前值 ─In1　　　　　　　　　　　T2　　　STOP
压力设定值 ─In2　　　　15 ─In2　　　　　　　　　　TON
　　　　　　　　　　　　　　　　　　　　　　In　Q
　　　　　　　　　　　　　　　　　T#600s─PT　ET ─*输入变量*

6 (1) 空压机运行过程中，如果管网压力超过压力上限 (8kg)，立即卸荷。
(2) 若该状态持续3秒，进行高压报警。

　　　　>=　　　　　　　　　　　　　　　　　　　　　　　卸载
　　　　EN
压力 (kg) ─In1　　　　　　　　T3　　　　　　　　　　　高压报警
压力上限 ─In2　　　　　　　TON
　　　　　　　　　　　　In　Q
　　　　　　　　T#3s─PT　ET ─*输入变量*

7 空压机运行过程中，如果管网压力持续3秒低于压力下限 (5kg)，进行低压报警。

变频启动　　　　　　T4　　　　　　　　　　　　　低压报警
　┤├　　　<=　　TON
　　　　　EN　　In　Q
压力 (kg) ─In1　　T#3s─PT　ET ─*输入变量*
压力下限 ─In2

8 　　　　　　　　　　　　　　　　　　　　　　电机高温报警
　　　　>=
　　　　EN
电机轴承温度 (℃) ─In1
电机停机温度 ─In2

9 　　　　>=　　主机温度超高　　　　　　　主机温度高报警
　　　　EN　　┤/├
主机温度 (℃) ─In1
螺杆主机报警温度 ─In2

10 　　　　>=　　　　　　　　　　　　　主机温度超高
　　　　EN
主机温度 (℃) ─In1
螺杆主机停机温度 ─In2

11 进气过滤器堵　　　　　　　　　　　　进气过滤器报警
　┤├

12 机油过滤器堵　　　　　　　　　　　　机油过滤器报警
　┤├

13 油分过滤器堵　　　　　　　　　　　　油分过滤器堵
　┤├

14 相序错　　　　　　　　　　　　　　　相序报警
　┤├

15 电机过载　　　　　　　　　　　　　　电机高温报警
　┤├

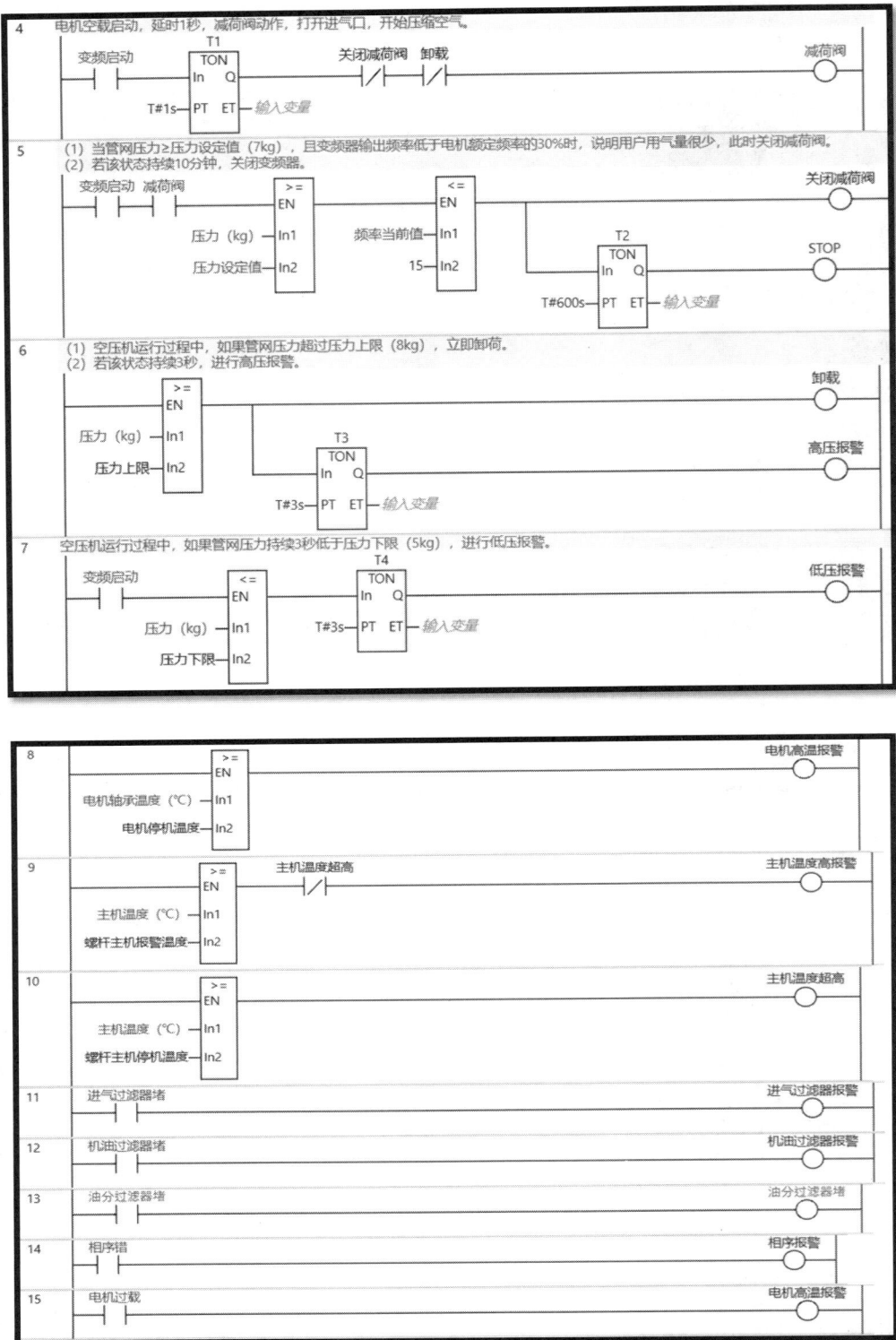

图 1-52　逻辑控制及报警程序

(2) 模拟量转换程序编写。

① 模拟量转换程序的本地变量登记，如图 1-53 所示。

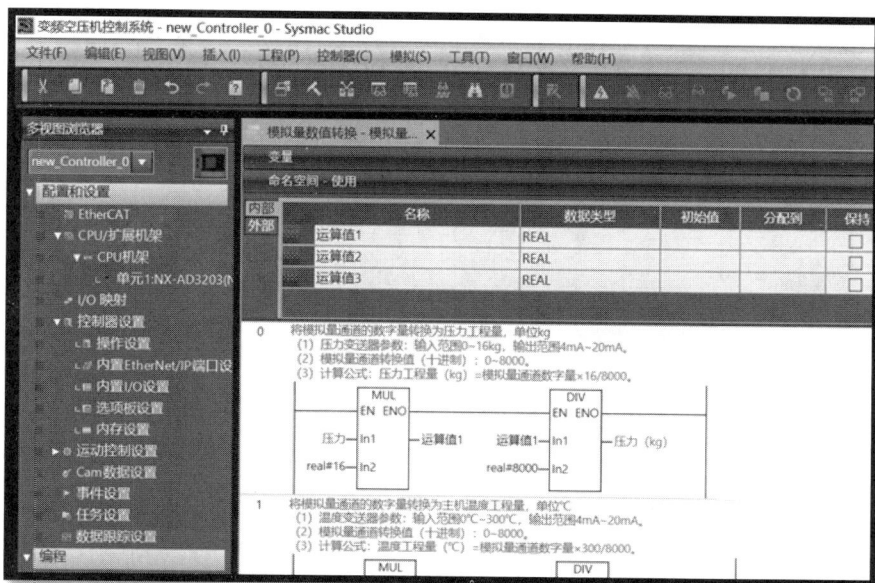

图 1-53　模拟量转换程序的本地变量登记

② 编写程序，模拟量转换程序如图 1-54 所示。

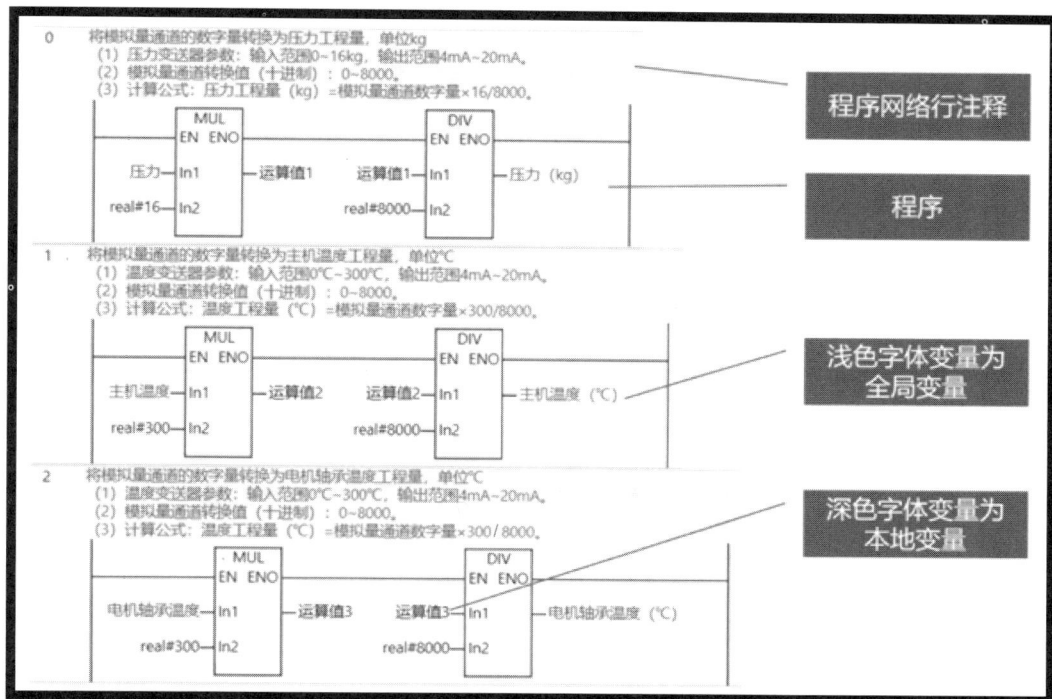

图 1-54　模拟量转换程序

(3) PID 运算程序编写。

① PID 运算程序的本地变量登记，如图 1-55 所示。

变量

命名空间 - 使用

内部　外部

名称	数据类型	初始值	分配到	保持	常量	注释
手动自动切换	BOOL	False		☐	☐	1=手动，0=自动
自动调谐执行	BOOL	False		☐	☐	1=执行，0=中止
运行中参数	_sOPR_SET_PARAMS			☐	☐	
初始化参数	_sINIT_SET_PARAMS			☐	☐	
比例带	REAL			☐	☐	
积分时间	TIME			☐	☐	
微分时间	TIME			☐	☐	
手动操作量	REAL			☐	☐	
PID操作量	REAL		%D40	☑	☐	
PID	PIDAT					
EID	WORD			☐	☐	
ER	BOOL			☐	☐	

图 1-55　PID 运算程序的本地变量登记

② 编写程序，PID 运算程序如图 1-56 所示。

PID 指令的使用方法详见《OMRON 机器自动化控制器 NJ/NX 系列指令基准手册基础篇》的 PIDAT 部分。

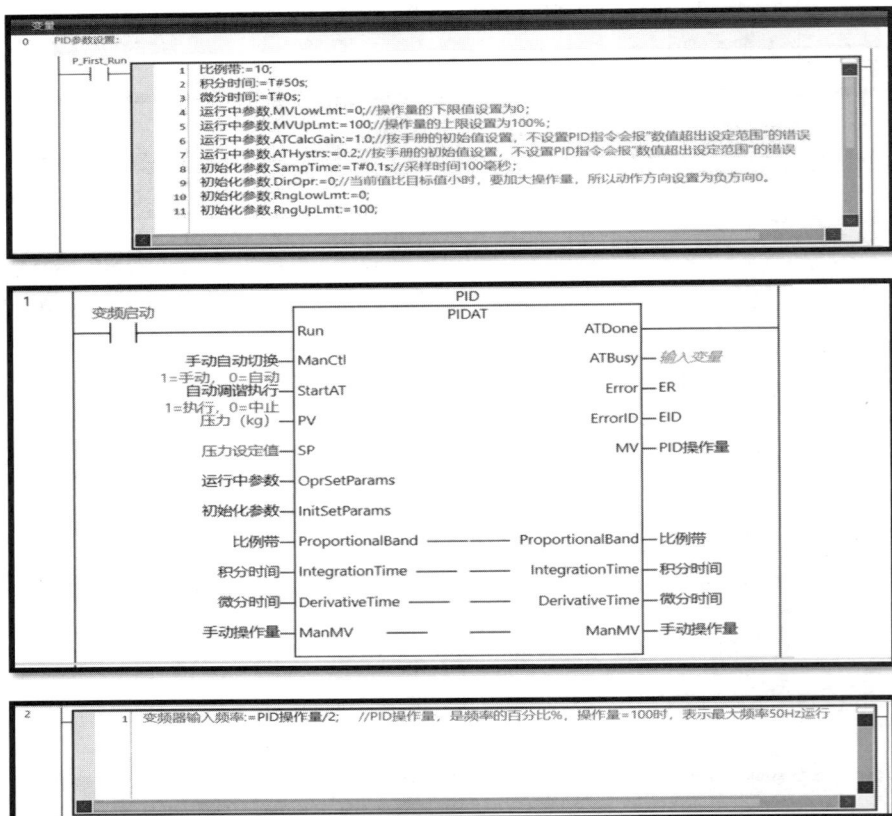

图 1-56　PID 运算程序

(4) 变频器通信程序编写。

① 变频器通信程序的本地变量登记，如图 1-57 所示。

名称	数据类型	初始值	分配列	保持	常量	注释
读写指令数组	ARRAY[0..15] OF byte			☐	☐	
CmdSixe	UINT			☐	☐	
接收数据组	ARRAY[0..15] OF byte			☐	☐	
写入指令接收	ARRAY[0..15] OF byte			☐	☐	
频率高位低位队列	ARRAY[0..15] OF byte			☐	☐	
F	ARRAY[0..1] OF BYTE			☐	☐	
频率放大100倍	REAL			☐	☐	
变频启变频启动	BOOL			☐	☐	
频率读写脉冲	BOOL			☐	☐	
频率1	WORD			☐	☐	
频率2	REAL			☐	☐	
频率_word	WORD			☐	☐	
当前转速	REAL		%D26	☑	☐	
写入启动指令	BOOL			☐	☐	
写入停止指令	BOOL			☐	☐	
读取频率	BOOL		%w50.00	☐	☐	
写入频率	BOOL		%w50.01	☐	☐	
99	UINT			☐	☐	
关闭	BOOL			☐	☐	
J	CTD			☐	☐	
JJ	INT			☐	☐	
变频器写	NX_ModbusRtuCmd					
变频器读	NX_ModbusRtuCmd					

图 1-57　变频器通信程序的本地变量登记

② 编写程序，变频器通信程序如图 1-58 所示。

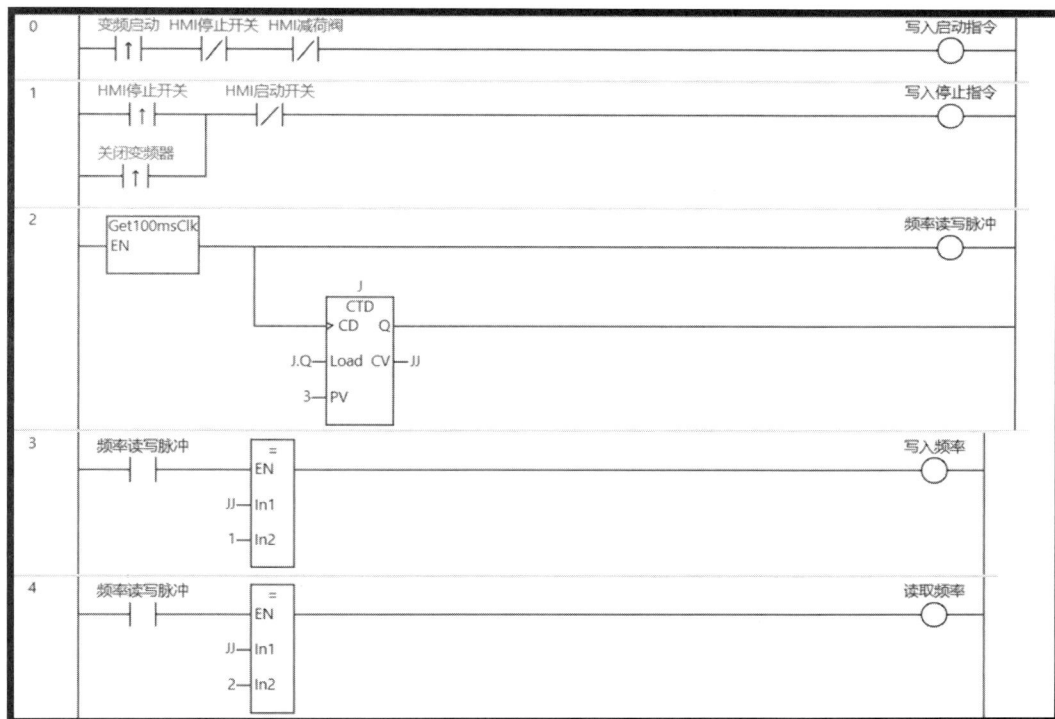

图 1-58　变频器通信程序

4．编译

编译是在 CPU 单元里将工程程序转换成一种可执行文件格式的过程。在此过程中会检查程序和变量数据，如果存在任何错误，编译将不能完成并且错误会显示在编译窗口中。

(1) 从"工程"菜单中选择"编译控制器"，开始编译，如图 1-59 所示。编译过程中的状态会显示在输出窗口中，如图 1-60 所示。

(2) 点击"编译窗口"以显示编译窗口，如果有错误，则错误列表会显示出来。

(3) 双击任意错误行会显示错误的位置，然后编程人员进行纠正。

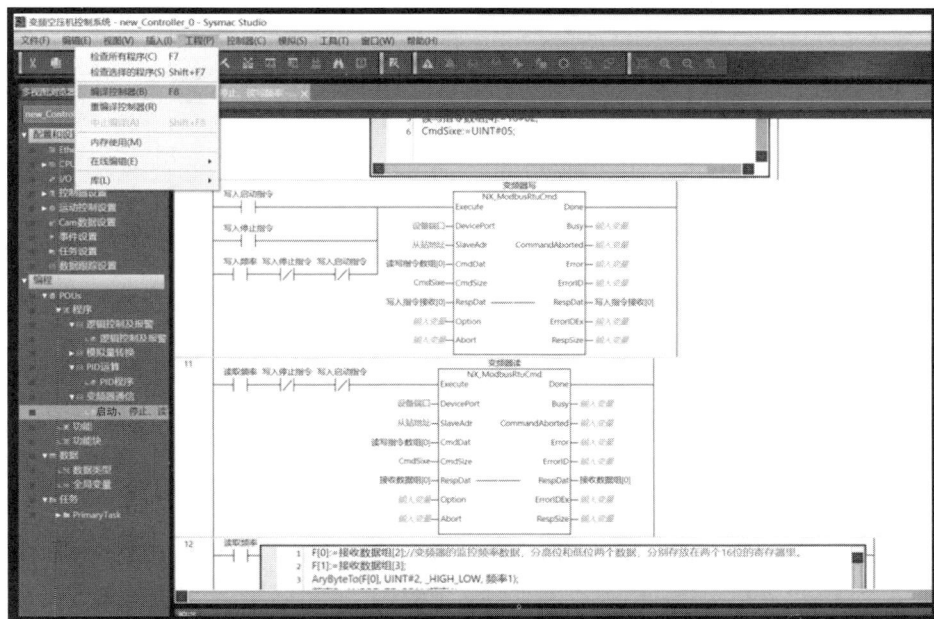

图 1-59　编译控制器

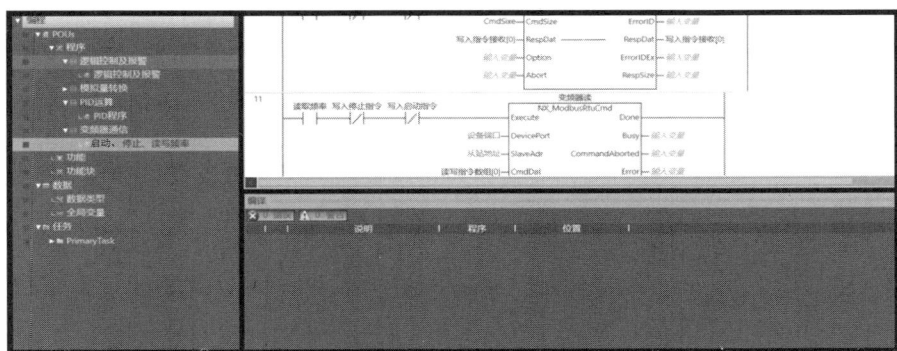

图 1-60　编译状态输出

5．模拟运行

设计好用户程序编译无误后，可以使用 Sysmac Studio 提供的模拟器进行仿真调试。模拟器可以在计算机上模拟 NX、NJ 系列 PLC 的功能，提供一个与实际 PLC 等价的开发环境，用它代替 NX、NJ 硬件来调试用

启保停程序

户程序，可以在开发阶段有效地发现和排除故障，提高用户程序的质量和降低现场调试的费用。

6. 下载至 PLC

用户程序经编译及模拟运行后，程序调试到最佳状态即可下载到 PLC，如图 1-61 所示，进行在线运行测试。

(1) 点击"控制器"菜单，选择"在线"，将计算机与 PLC 控制器连接起来。

(2) 点击"控制器"菜单，选择"同步"，或选择"传送中(A)"下的"传送至控制器"。

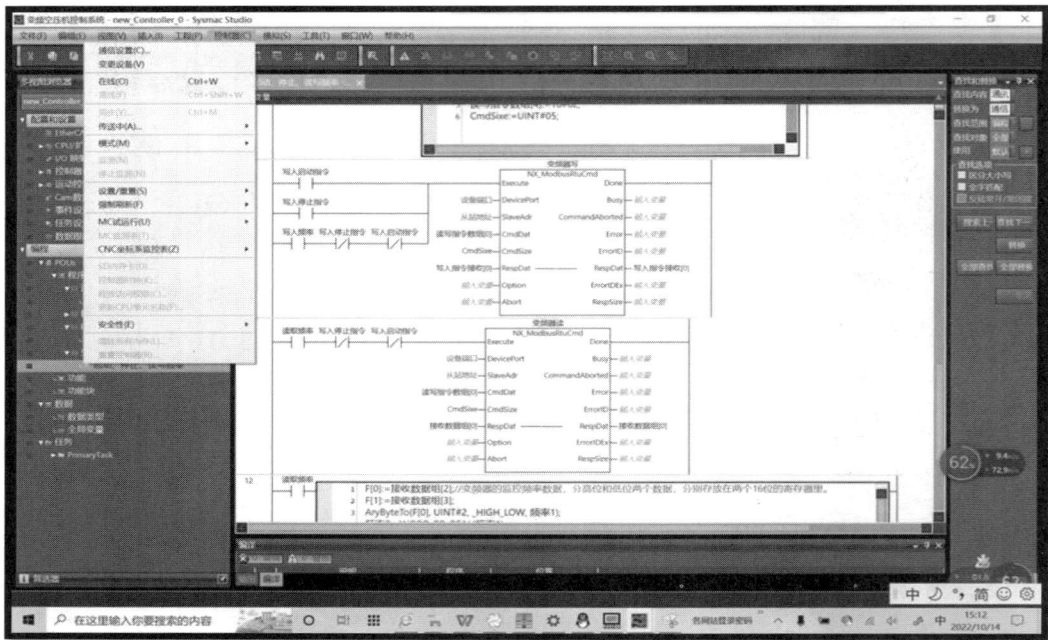

图 1-61　下载程序

测试视频 1　软件
下载后的参数设置

测试视频 2　PID 及
变频通信功能测试

测试视频 3　温度及
压力保护功能测试

测试视频 4　其他
保护功能测试

1.4　工　程　避　坑

1. Modbus 通信冲突

Modbus-RTU 通信方式如图 1-62 所示，当外部设备有通信需求时，需要主动发送一帧请求信号(送信数据帧①)，变频器收到请求信号后会对该请求做出应答，即返回一帧应答信号(返信数据帧②)，来自于变频器的应答(返信数据帧②)，是在变频器收到来自外部控制设备的请求信号(送信数据帧①)后作为返信输出的，不能主动输出。

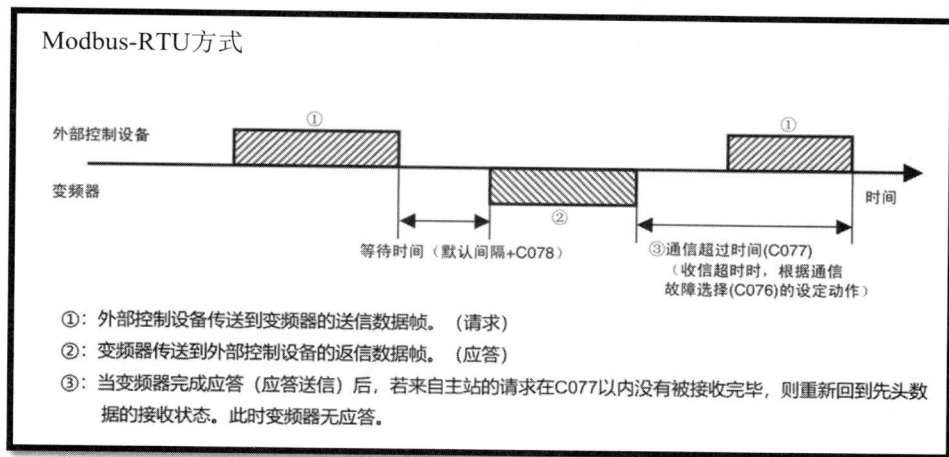

图 1-62　Modbus-RTU 通信方式

　　PLC 某一时刻只能发送一帧数据请求，并且需要等待变频器返回该帧请求的响应后，才能发送另一帧数据请求。

　　空气压缩机运行过程中，PLC 实时写入 PID 计算出来的频率值至变频器，同时也实时地从变频器内读取电机的实际频率值，对同一个变频器使用 Modbus 通用指令写入和读取数据的时候，需要避免数据发送或接收的时间冲突。

　　(1) Modbus 通信编程注意事项：

　　① 写入变频启动命令时，不能进行其他的读、写操作(如写入停止命令、写入频率、读取频率)。

　　② 写入变频停止命令时，不能进行其他的读、写操作(如写入启动命令、写入频率、读取频率)。

　　③ 写入频率指令的时候，不能进行其他的读、写操作(如写入启动命令、写入停止、读取频率)。PLC 为了实时写入频率数据至变频器，Modbus 通用指令的"Execute"端口需要发送脉冲信号。

　　④ 读取频率的时候，不能进行其他的读、写操作(如写入启动命令、写入停止、写入频率)。PLC 为了实时读取变频器内的实际输出频率数据，Modbus 通用指令的"Execute"端口需要发送脉冲信号。

　　(2) 程序编写方法：

　　① 创建 4 个 BOOL 型的中间变量，即"写入启动指令""写入停止指令""写入频率""读取频率"，每一时刻只有一个变量处于接通状态。程序中使用一个脉冲信号(脉冲周期＞Modbus 的通信周期)和计数器的组合，轮流向变频器发送写入频率的指令和读取频率的指令。程序如图 1-63 所示。

　　② 写入与读取不能共用同一个 Modbus 通用指令，写入指令的返回数据存放于变量名为"写入指令接收"的数组中，读取指令的返回数据存放于变量名为"接收数组"的数组中。程序如图 1-64 所示。

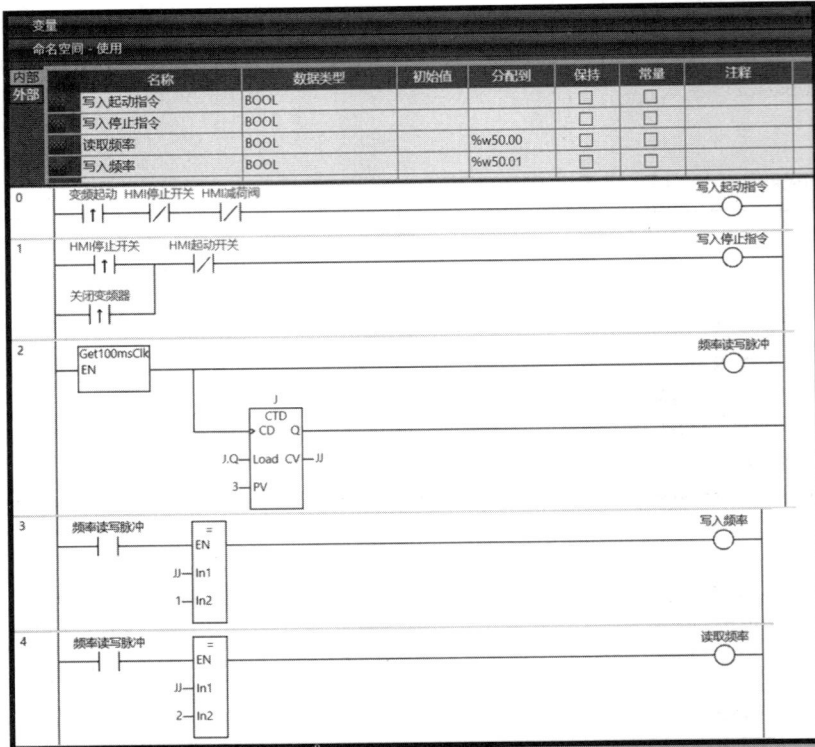

图 1-63　变频器读、写程序(1)

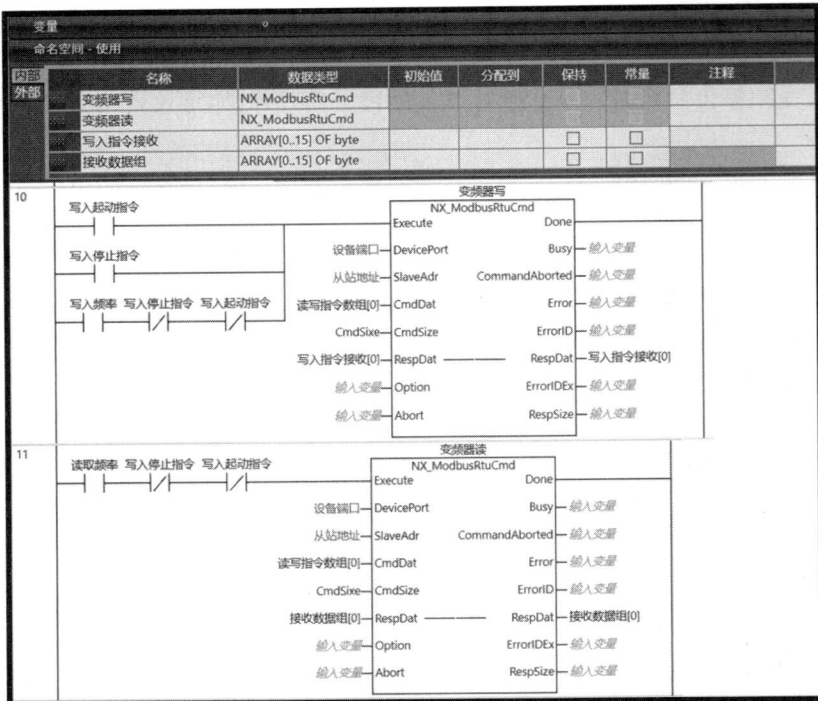

图 1-64　变频器读、写程序(2)

2. 变频器输入频率的数值算法

变频器输入频率的数据分辨率为 0.01。举例：将电机频率调至 30.05 Hz，则 PLC 需向变频器写入的频率数值为 3005，即写入变频器的频率数值应该是实际频率的 100 倍，由此得出如下公式：

$$F_{实际频率} = F_{写入频率} \times 数据分辨率$$

3. PLC 向变频器写入频率时的数值转换过程

PLC 写入到变频器中的频率数值，存放在变频器内的两个 8 位的寄存器里，寄存器地址分别为 0001h、0002h。0001h 存放频率的高 8 位，0002h 存放频率的低 8 位。3G3RX 变频器参数如图 1-65 所示。

〈保持寄存器编号一览表（频率指令和异常监控）〉

寄存器编号	功能名称	功能代码	R/W	监控内容和设定项目	数据分辨率
0001h	频率指令设定 / 监控	F001 (HIGH)	R/W	0 ~ 40000　（A001=03 时有效）	0.01(Hz)
0002h		F001 (LOW)	R/W		

图 1-65　3G3RX 变频器参数

依然以上面所举的例子为例，十进制 3005 就是 16#0BBD，把它分割成低位和高位数据，写入到变频器指定的频率存储器中，如图 1-66 所示。

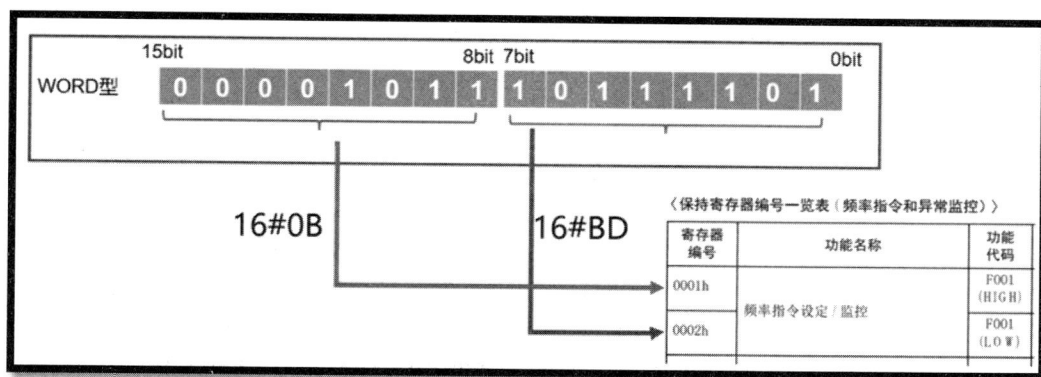

图 1-66　3G3RX 频率存储器

然而电机的频率是经由 PLC 的 PID 运算器计算出来的，PID 的输出结果是频率的操作量，设置为 0~100(输出频率的百分比%)，也就是说，0 对应 0 Hz，100 对应 50.00 Hz(电机额定频率为 50 Hz)。PLC 还需对 PID 的输出结果进行转换，才能写入到变频器中。

PLC 向变频器写入频率的换算步骤，如图 1-67 所示，具体介绍如下：

(1) 将频率操作量转化为频率，再放大 100 倍(小数点后移两位)。

(2) 将步骤(1)的结果转化为 WORD 型数据(REAL_TO_WORD 指令)。

(3) 将步骤(2)的结果通过 "ToAryByte" 指令拆分成十六进制高 2 位、低 2 位，分别存放在变频器的两个寄存器中(一个寄存器的数据长度为 8 位)。

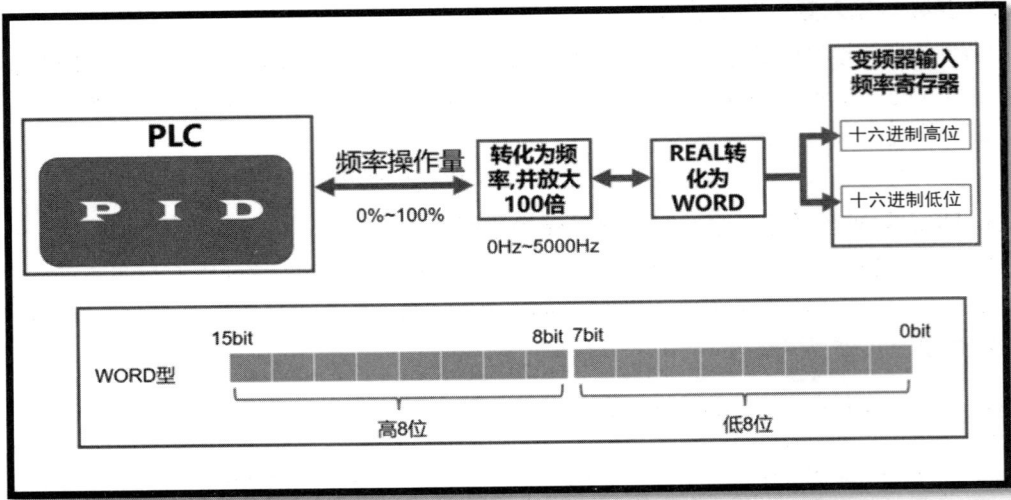

图 1-67　变频器写入频率的换算步骤

变频器写入频率程序如图 1-68 所示。

图 1-68　变频器写入频率程序

4. PLC 向变频器读取电机频率的数值转换过程

在变频器内部，电机实际运行频率的数值被放大 100 倍后(见图 1-69，数据分辨率为 0.01)，存放在变频器内的两个 8 位的寄存器里，寄存器地址分别为 1001h、1002h。1001h 存放频率的高 8 位，1002h 存放频率的低 8 位。

<寄存器编号一览表 （监控）>

寄存器编号	功能名称	功能代码	R / W	监控内容和设定项目	数据分辨率
1001h	输出频率监控	d001 (HIGH)	R	0 ～ 40000	0.01 (Hz)
1002h		d001(LOW)			

图 1-69　3G3RX 变频器参数

5. PLC 向变频器读取电机频率的数值转换过程

(1) 把读出的频率高位、频率低位，使用 "AryByteTo" 指令还原成一个 16 位的 WORD 型数据。

(2) 采用数学运算公式，把放大了 100 倍的频率值，还原为真实的频率值。

变频器读取电机频率的数值转换程序如图 1-70 所示。

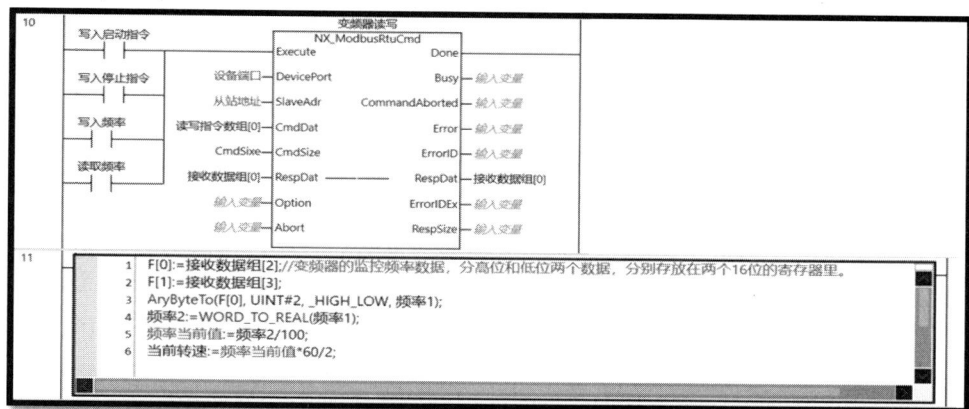

图 1-70   读取频率的数值转换程序

1.5   课 后 习 题

在欧姆龙 NB 触摸屏上组件按钮，实现对电机启动、停止、转速的控制，同时显示电机的频率和电机转速。触摸屏界面参考图 1-71。

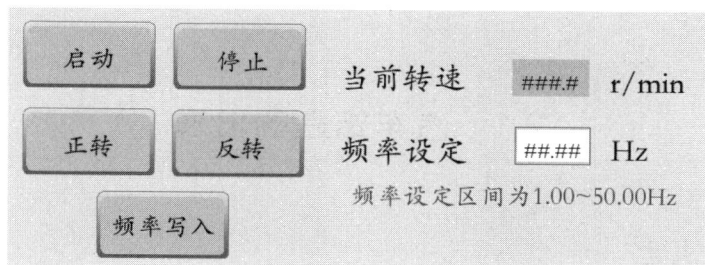

图 1-71   触摸屏组态画面

(1) 采用 "NX_ModbusRtuCmd"，向从站地址为 1 的变频器写入启动命令；

(2) 采用 "NX_ModbusRtuCmd"，向从站地址为 1 的变频器写入停止命令；

(3) 采用 "NX_ModbusRtuCmd"，向从站地址为 1 的变频器写入频率信号；

(4) 采用 "NX_ModbusRtuCmd"，向从站地址为 1 的变频器读取电机频率信号，并在 NB 屏上显示；

(5) 采用数学运算公式，根据 $n = (1-s) \times 60 \times f/P$，计算电机转速，并在 NB 屏上显示。(此处 s 忽略不计，$P = 2$)

项目 2　无钥匙进入及启动系统

　　在日常生活中，当我们刚刚购物回来时，发现想要从口袋里掏出爱车的钥匙是如此的难，而现在我们不必再烦恼了，因为有一款智能钥匙可以轻松解决这一问题了。拥有这款钥匙，我们只需摸一下门把手，车门便会自动解锁，车主不需要再掏出钥匙进行按键操作；进入车内，也无需插入钥匙，而只需脚踩制动踏板轻按启动键即可启动车辆。这款汽车钥匙上不仅有快速开启后备箱功能、熄火后关窗户功能、应急钥匙；更有高端功能，如遥控开窗户、停车场找车、遥控启动车辆、驾驶位置记忆座椅等。

　　这款智能汽车钥匙有一个专属名词，叫作无钥匙进入及启动系统(Passive Entry Passive Start，PEPS)。PEPS 不是传统的钥匙，而是一个智能钥匙，类似于智能卡。它采用先进的 RFID 技术，当驾驶者踏进指定范围时，该系统通过识别判断是否为合法授权的驾驶者，如果是，则进行自动开门；上车之后，驾驶者只需按一个按钮即可启动点火开关。

　　PEPS 拥有新一代防盗技术，正在逐步发展壮大，目前已经从高档车市场逐步进入中档车市场，不仅奔驰、宝马等高端汽车制造商已经广泛采用了 PKE(无钥匙门禁)，福特蒙迪欧、日产天籁和新型马自达等中型车型也纷纷采用了这一技术。PEPS 已逐步取代传统钥匙，成为主流智能车钥匙。

　　本章将以 NXP 方案为例介绍汽车无钥匙进入及启动系统。

2.1　汽车钥匙的发展

汽车钥匙发展

2.1.1　工字形钥匙

　　1896 年，福特试制出第一台汽车，并且在汽车历史上首次进入大批量生产，标志着汽车时代的到来。早期的汽车钥匙是机械钥匙，如图 2-1 所示的工字形钥匙是最早采用的汽车启动装置。其启动过程是：先把油倒入油箱，把摇把插入连接口，拉着油门线用力摇，直至引擎启动。工字形钥匙的原理是通过摇杆带动曲轴转动，抽走节气门内的空气形成负压，将油气混合物抽进气缸，并带动发电机给火花塞供电，完成点火启动。

　　可以看出，工字形钥匙不仅使用不便，还存在一定的危险性。1910 年，凯迪拉克老板的朋友卡顿在帮别人启动汽车时，被反弹回来的摇把击中，不幸伤重身亡。

图 2-1　工字形钥匙

2.1.2　刀片形钥匙

随着汽车技术的发展，出现了刀片形钥匙，如图 2-2 所示。这种钥匙体积小巧；便携性强；使用方法简单，插入钥匙孔拧动即可启动汽车。因此，刀片形钥匙得到快速的推广和应用，目前还有部分汽车使用刀片形钥匙做副匙。刀片形钥匙便携易用的特点，使它非常容易被偷盗，导致早期经常发生车辆被盗的案件，这引发了人们对汽车防盗技术的探索。

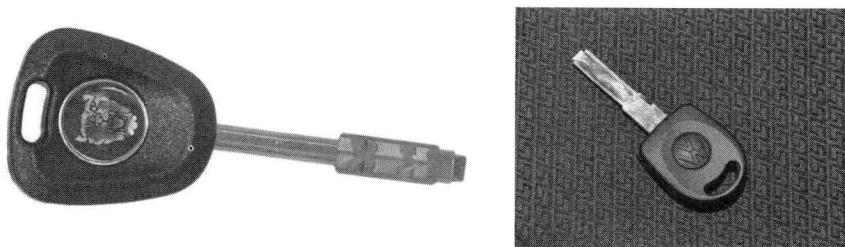

图 2-2　刀片形钥匙

2.1.3　芯片钥匙

在传统钥匙中增加防盗感应设备，使汽车钥匙具备身份识别的功能，就能实现防盗。芯片钥匙通过在钥匙柄上植入芯片，一辆车配唯一的钥匙，当钥匙插入锁孔时，汽车的防盗系统开始识别钥匙芯片，确认身份合法后才能开门或启动，使得汽车的防盗性能得到极大提升。芯片钥匙如图 2-3 所示。

图 2-3　芯片钥匙

2.1.4　遥控器 + 芯片钥匙

解决了防盗问题，人们对钥匙提出了更智能化的要求，具有遥控开门功能的钥匙应运而生。

早期的遥控钥匙由两部分组成，即由遥控器和芯片钥匙组成，如图 2-4 所示。遥控器和芯片钥匙相互独立，可分开携带。

图 2-4　遥控器 + 芯片钥匙

2.1.5　折叠钥匙

折叠钥匙如图 2-5 所示。它是在芯片钥匙发展的基础上，为了美观和便携将按键和机械钥匙结合在一起的，并且机械钥匙可以折叠起来，同时功能更多，可以实现后备箱的开启、遥控车窗等。

图 2-5　折叠钥匙

2.1.6　无钥匙进入及启动系统

钥匙安全和便携性完全满足人们的需要后，对钥匙的使用体验感又提出了新的需求。现在我们回到本项目最开始假设的场景，可以满足这个场景要求的钥匙，不需要人做按钮或者插入钥匙的动作，钥匙放在包里或者口袋里，当人走近汽车时，汽车感应到钥匙，通过无线通信与钥匙连接，完成身份验证，车主摸一下门把手即可解锁上车，再按一键启动即可启动车辆，实现无钥匙进入和一键启动。这类钥匙被统称为无钥匙进入及启动系统，如图 2-6 所示。

图 2-6 无钥匙进入及启动系统

2.1.7 触控钥匙

触控钥匙是升级的无钥匙进入及启动系统。触控钥匙上有一块触摸屏，可以远程实现车内如空调、温度、座椅等的开关和调整，非常智能化，如图 2-7 所示。目前市场上的高端车会有对应的触控钥匙配置。

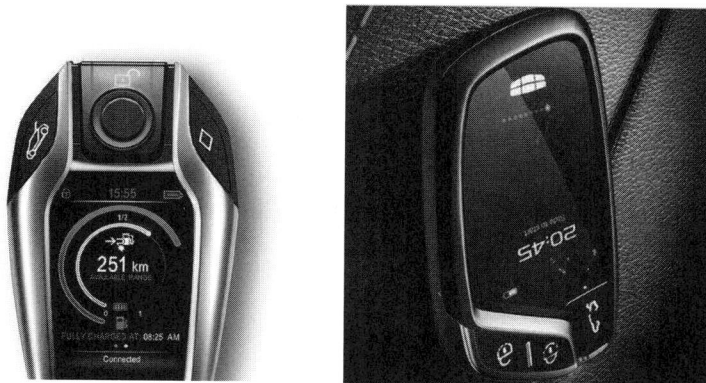

图 2-7 触控钥匙

2.1.8 新型智能概念钥匙

汽车钥匙从简单的机械钥匙到加入芯片防盗一直发展到目前的新型智能钥匙，一直在朝着小型化、多功能化、个性化发展。随着智能化技术的发展，未来的汽车钥匙除了沿着以上发展趋势进步，还将向功能拓展化、网络化以及可穿戴设备方向发展，同时可与其他智能设备集成，构成完整的智能系统。

沃尔沃于 2005 年开发的概念钥匙，除了具备限速功能外，还有酒精检测的本领。它可将酒精联动检测系统集成在安全带扣上，吹气口位于卡口插头的另外一端，司机坐在驾驶座上，将安全带拉出一段就可进行吹气测试，如果吹气指示灯显示为绿色，则系统闭锁解除，司机可以将安全带直接系上，然后发动汽车，而如果系统指示灯显示为红色，则系统将保持闭锁状态。另外，没有人坐在驾驶座上，吹完气之后没有马上系上安全带，而是放开了安全带……这些行为都会导致系统无法解锁，之所以采用这样的设计是为了防止有些车主耍小聪明。

起亚利用 3G 网络技术，让手机也具备了某些汽车钥匙的功能。通过安装在智能手机上的 UVO 系统软件，只要是在网络覆盖范围之内，车主可以在千里之外给自己的爱车解锁，闭锁，发动引擎提前热车，提前设置车内空调温度，等等。这对无论身处北方还是南方的车主都很具诱惑力，南方车主可能无法理解在零下 30 摄氏度的冬季，坐在冰窖般的车内耐着性子热车半个小时是一种怎样的心情；而北方车主也很难想象在盛夏的重庆，钻进在阳光下曝晒超过一个小时的车子需要怎样的勇气。此外，哪怕车辆被盗，车主也可以通过 UVO 系统后台实现对车辆的追踪定位，并可以让车辆熄火并限制其再次启动。

可穿戴汽车钥匙概念最早来自 007 的电影。电影中的 007 通过特制手表，可以完成对车辆的一系列控制。日产推出的 NISMO 概念手表就是现在比较有代表性的可穿戴汽车钥匙系统，如图 2-8 所示。NISMO 概念手表续航力高达 7 天，可通过 Micro USB 接口充电，除了常规手表的功能之外，这款手表可通过 3G 网络提供某些远程服务，能对超速发出警报，能对车门进行闭锁解锁控制，具有无钥匙进入功能，能记录显示行车数据，能实时检测司机的心率和体温，未来还将加入对体温和脑电波的监测功能——倘若司机疲劳驾驶，大脑趋于睡眠状态，或者是司机心率过快，手表都会发出报警声……更加值得一提的是，手表上还设计有一键启动按钮。

图 2-8　可穿戴汽车钥匙系统

2.2　无钥匙进入射频方案

无钥匙进入系统可根据功能的变化划分为三个阶段，分别是遥控门锁阶段，也叫 RKE；被动式无钥匙进入阶段，也叫 PKE；无钥匙进入及启动系统阶段，也叫 PEPS；以及基于 PEPS 的智能手机钥匙技术阶段。将发展历史抽象化成功能的变化趋势，如图 2-9 所示。

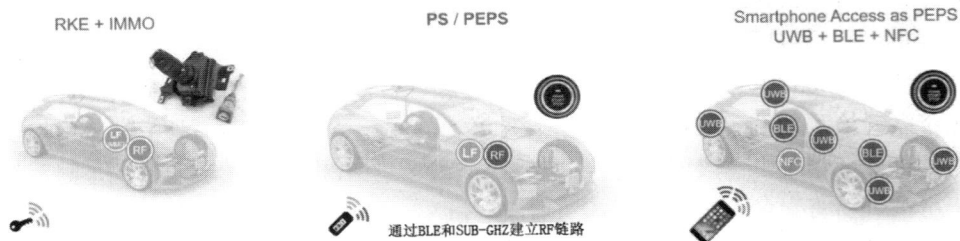

图 2-9　汽车无钥匙发展趋势

2.2.1 传统射频方案

传统射频方案主要包括两个部分：遥控钥匙和车身控制器 BCM。如图 2-10 所示，遥控钥匙分为按键、微处理器、RF 高频发射器三部分。按动按键后唤醒微控制器，微控制器向钥匙的射频发射器发送数据流，调制载波后通过高频振荡信号发射到空中。车身控制器 BCM 包括 RF 高频接收器、微处理器。RF 高频接收器接收钥匙发出的信号，传递给处理器进行解密等操作后转发给相应的控制器执行开闭锁等操作。

遥控钥匙进入
方案讲解

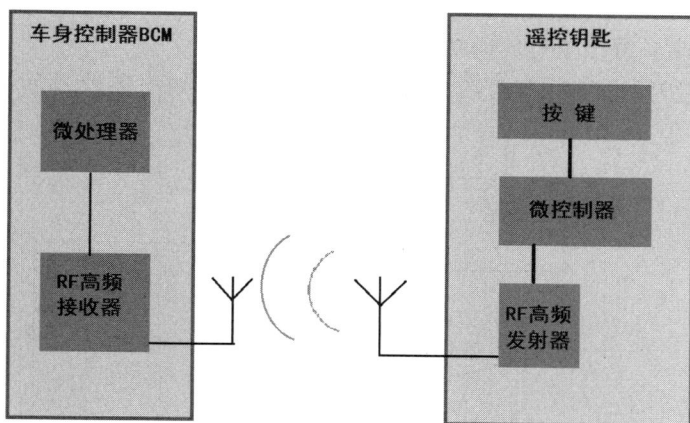

图 2-10 传统射频方案简单结构图

从目前市场上的主流车型来看，主要的防盗方式是通过射频方式来实现的，包括发动机防盗锁止系统(IMMO 即 Immobilization)、遥控门锁 RKE、无钥匙门禁(PKE 即 Passive Keyless Entry/GO)。目前 IMMO 和 RKE 应用最为广泛，新的 PKE、迎宾等功能更加受用户欢迎。

NXP-PCF7952 具有高集成度、低功耗的特点，集成了引擎防盗、遥控钥匙和无钥匙启动的所有功能。以 NXP-PCF7952 为射频芯片的 PKE 设计方案如图 2-11 所示。

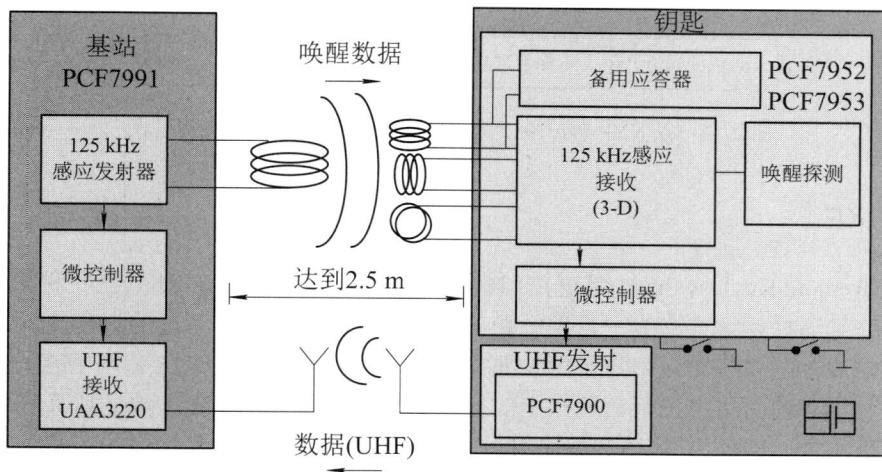

图 2-11 以 NXP-PCF7952 为射频芯片的 PKE 设计方案

NXP-PCF7952 系统可以实现的功能如下：

(1) 传统遥控钥匙 RKE 系统的全部功能，如遥控解闭锁及遥控升降窗等。

(2) 无钥匙解锁，按下门把手请求开关或触碰门把手感应区域，车门即可自动解锁。

(3) 车主只需按动按键或旋转按钮即可启动发动机。

NXP-PCF7952 系统的动作过程如下：

(1) 车主携带钥匙来到车边，通过拉门把手或按压按钮告诉车我要开锁/点火，此时门把手/按钮发送启动信号给低频天线。

(2) 低频天线发出低频触发信号。

(3) 汽车钥匙接收了低频触发信号，于是发出高频解锁信号。

(4) RF 接收高频解锁信号，通知整车解锁/点火。

以 NXP-PCF7952 为射频芯片的 PKE 设计方案流程图如图 2-12 所示。

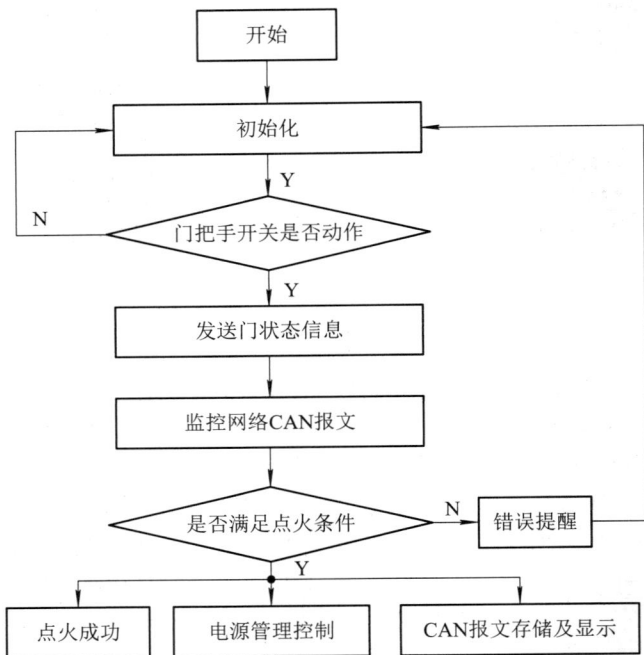

图 2-12　以 NXP-PCF7952 为射频芯片的 PKE 设计方案流程图

2.2.2　RKE

RKE(Remote Keyless Entry)是遥控门禁/遥控车门开关的简称。RKE 是一种集成方案，把引擎防盗和遥控钥匙合二为一，用一颗芯片来实现，既提高了系统的安全性，又降低了整个钥匙的成本。系统允许用户使用钥匙扣上的发射器来锁定汽车门或者开锁，该发射器传输数据到汽车内，用户按下钥匙扣上的按钮开关可触发系统工作。除了具有开启汽车制动装置的技术外，RKE 还具有防盗作用。

RKE 系统由一个安装在汽车上的接收控制器和一个由用户携带的发射器(即无线遥控车门钥匙)组成，如图 2-13 所示。

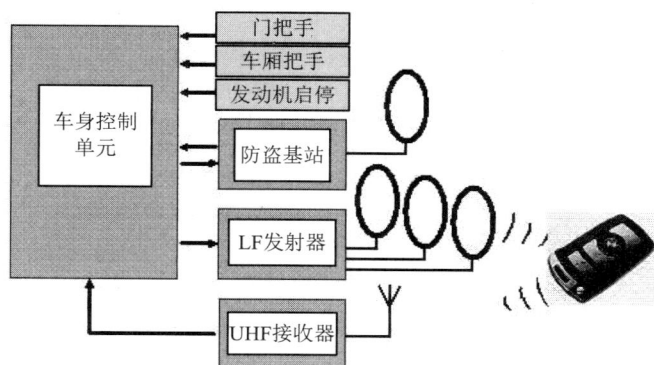

图 2-13　RKE 系统组成图

2.2.3　发动机防盗锁止系统

RKE 的防盗作用主要依靠引擎防盗技术 IMMO，全称为发动机防盗锁止系统 (Immobilizer)。

汽车防盗系统框图如图 2-14 所示，包括防盗控制器(IMMO)、微控制器、防盗线圈、点火钥匙(转发器)、电喷控制器等，核心单元是 IMMO。

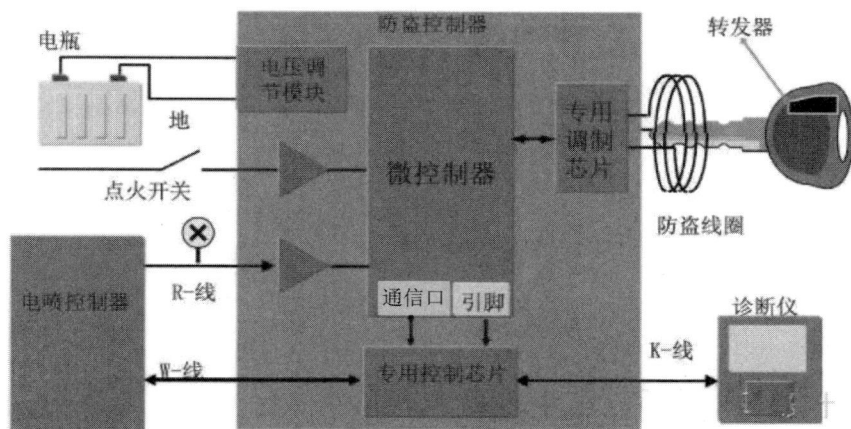

图 2-14　汽车防盗系统框图

IMMO 主要功能是通过 CAN 线/W-线，打开/锁止发动机控制单元，锁住引擎监理计算机及启动马达，达到固守引擎的目的，使之无法发送。发送机 EMS 单元设计中，很大一部分工作就是阅读 IMMO 的规范。

IMMO 的供应商有很多，国外的产品有海拉、西门子、大陆、德尔福等，国内的产品有联创、重庆集成等。由于防盗控制单元算法关乎汽车的安全性，因此许多整车厂也纷纷开始设计自己的算法，甚至开发自己的 IMMO 单元，如比亚迪、奇瑞等。

IMMO 的防盗校验过程(见图 2-15)如下：

(1) 钥匙插入上电，钥匙发送一个加密的 KeyID 给 IMMO，完成钥匙的校验过程。

(2) KeyID 匹配成功，EMS 根据算法发送随机数或者是加密 SK 给 IMMO。

(3) IMMO 将结果返回给 EMS。

(4) EMS 和 IMMO 算法一致，验证通过，EMS 允许启动。

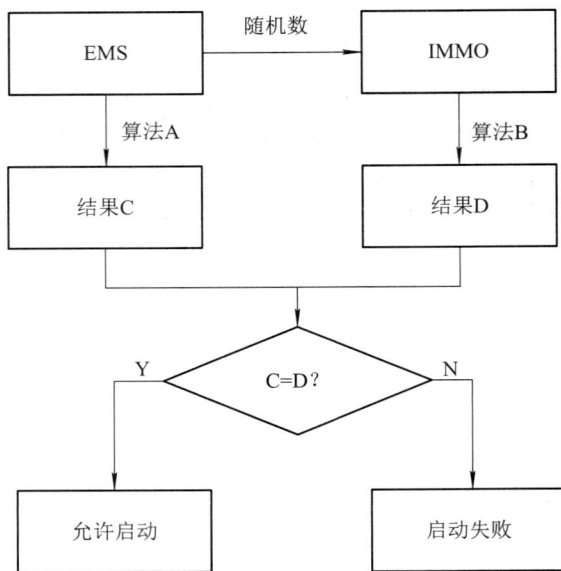

图 2-15　IMMO 的防盗校验过程

2.2.4　PKE

被动式无钥匙进入(Passive Keyless Entry，PKE)有别于传统钥匙，它是一个智能钥匙，也是 RKE 的升级技术，类似于智能卡。当车主踏进指定范围时，该系统通过识别判断，如果是合法授权的身份，则会进行自动开门。

PKE 主要由两部分组成：基站、应答器(钥匙)。基站是系统的大脑，负责与应答器的通信及与设备的互动；应答器由用户随身携带，相当于用户的身份证，用来验证用户的身份，类似于 RKE 的遥控器。

工作原理：基站持续发出一个低频报文，在进入一定范围内的应答器接收到基站发出的报文后进行信号处理，如果确认到达匹配要求，应答器就被唤醒。应答器有 X、Y、Z 三个接收方向，无论信号从哪个方向送来都可以接收到这个信号，使用者不需要按任何按钮，应答器就会自动接收信号、发送信号和处理信号。应答器根据一定的加密算法，将数据加密后通过高频发送回基站，基站分析收到的加密数据，如果验证成功，便自动解除防盗并开启门锁。

如图 2-16 所示，PKE 的基站包括：125 kHz 感应发射器，用于发射低频信号；微控制器；UHF 接收，用于接收钥匙端的高频信号。PKE 的钥匙部分包括：125 kHz 感应接收，连接 3-D 天线，可接收 X、Y、Z 三个方向的低频信号，同时连接唤醒探测和微控制器；备用应答器，平时处于休眠状态，当 125 kHz 感应接收失效时将启用备用应答器；微控制器，为钥匙端做信息处理；UHF 发射，用于发射 UHF 数据信号。

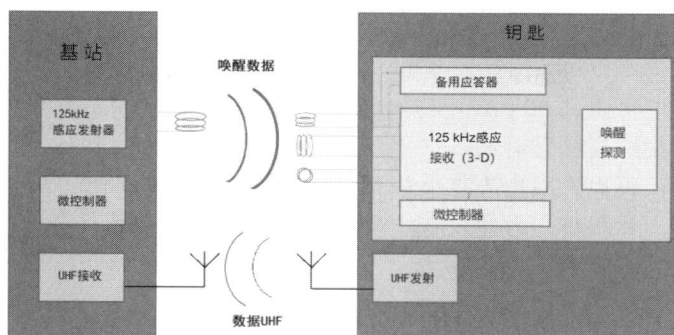

图 2-16　PKE 技术实现方案框图

PKE 系统的工作过程如下：

(1) 车主带着钥匙进入 PKE 系统感应区域，触摸车门把手或者按下智能钥匙的一键启动按钮。

(2) 车身相应触发模块发送中断信号给基站 MCU，唤醒 MCU。

(3) 基站 LF 发送器发送出一条低频报文给附近的智能钥匙。

(4) 智能钥匙自动处理收到的报文，如果与钥匙中保存的身份识别信息一致，则唤醒钥匙。

(5) 钥匙进行相应的运算处理，发送一条加密的信息给基站。

(6) 基站对信息进行处理，如果验证通过，则自动打开车门锁。

(7) 车主上车后，PKE 系统自动侦测智能钥匙是否在车内，如果钥匙在车内，则自动进行点火 Ready 动作，车主只需要按一下启动键，汽车就会启动。

(8) 当车主离开汽车时，PKE 系统自动侦测智能钥匙是否在车内，若钥匙不在车内，则自动进行启动上锁防盗 Ready 动作，车主只需要按一下车把手或者某一按键，汽车便进入防盗状态。

2.2.5　PEPS 方案

无钥匙进入及启动系统的基本结构如图 2-17 所示。

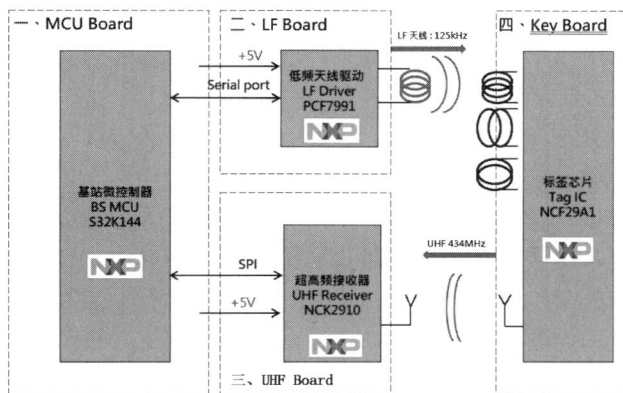

图 2-17　PEPS 基本结构

1) PEPS 方案性能优势

(1) IMMO 距离从 5 mm 提高到 8 mm。

(2) 低频灵敏度可做到 60 μA，支持迎宾灯功能。

(3) 单芯片，集成高频发射 PA。

(4) 支持跳频，再也不用担心在一些"场合"钥匙失效。

(5) 集成度高，体积小，方便与智能穿戴设备集成。

2) PEPS LF Board

(1) PCF7991 实现驱动天线近距离 IMMO 无源通信。

(2) 在空闲状态下，PCF7991 功耗均值电流可以达到 4～10 mA。

(3) LF 阻抗匹配良好的情况下，PCF7991 PKE 命令发送距离可达 2.5～3.0 m。

3) PEPS UHF Board

(1) NCK2910 具有白名单功能，可以过滤不在名单内的 UHF 数据。

(2) NCK2910 Auto-Flush 模式以及 6-wire SPI 接口，可以降低主控资源消耗。

(3) 在 Polling 模式下，NCK2910 功耗均值电流可以达到 1.4～1.7 mA。

(4) RF 阻抗匹配良好的情况下，NCK2910 RKE 数据接收距离可达 25～30 m。

4) PEPS Key Board

(1) 超高集成度单芯片解决方案。

(2) 支持加密算法：HITAG2、HITAG3、AES 算法等。

(3) 低功耗：12.5 mA @10 dBm (434 MHz)。

2.3　项　目　管　理

2.3.1　项目管理概念

项目管理属于管理学，简单来讲就是在项目进展过程中，采用专业的知识、技能、工具或方法，使项目进程在一定的约束条件下，实现或超过既定目标的过程。项目管理可以检测和管理达成目标的相关活动，包括项目策划、项目进度计划及项目维护活动进展等。具体的项目管理可以是一项工程、一种服务、一个研究课题或活动等，主要工作包含领导、组织、用人、计划及控制等。

不管是哪一个种类的项目管理，都会涉及有关的项目管理体系。项目管理体系一共有九大知识体系，通过学习这些知识，再与自己的工作经验相结合，就可以在项目实际进展过程中设计出有效的项目管理方案。项目管理九大体系分别是项目的整合管理、范围管理、时间管理、成本管理、质量管理、沟通管理、人力资源管理、风险管理和采购管理。

项目管理过程的五个阶段一般包括：启动、规划、执行、监控、收尾。项目先后衔接的各个阶段的全体被称为项目管理流程。在项目管理流程中，每个阶段都有自己的起止范围，每个阶段完成时一定要通过本阶段的控制关口，才能进入下一阶段的工作，如图 2-18 所示。

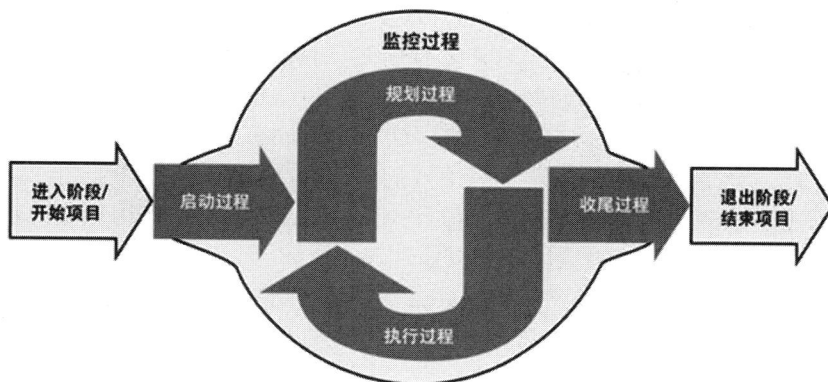

图 2-18　项目管理过程

(1) 项目启动。在项目开工之前要先启动工程，主要是为了设定其项目的主要目标，并且让项目中的团队有具体的事项可以做。

(2) 项目规划。项目需要合理地规划，才能有更好的效果。在工程启动以后，要制定工作的基本路线，让项目团队有规则可依。

(3) 项目执行。项目启动规划好以后，就要开始执行任务，要让团队保持按规划的路线执行。

(4) 项目监控。项目在执行过程中要监控整个项目的进展情况，进行合理的监控，要防患于未然，处理好项目进行时的过程。

(5) 项目收尾。收尾主要是为了让项目能有圆满的结束，为了达到最好的效果，进行最后的了结。在项目收尾阶段结束后，项目将进入到后续的维护期。

2.3.2　PEPS 项目案例

我们以某汽车配件商的 PEPS 项目为例，了解汽车无钥匙进入及启动系统项目的工作过程。在此项目中，完成项目的执行主体是某汽车制造厂，参与项目的包括项目原材料供应商(NXP)、方案代理商、汽车配件厂以及整车厂，如图 2-19 所示。

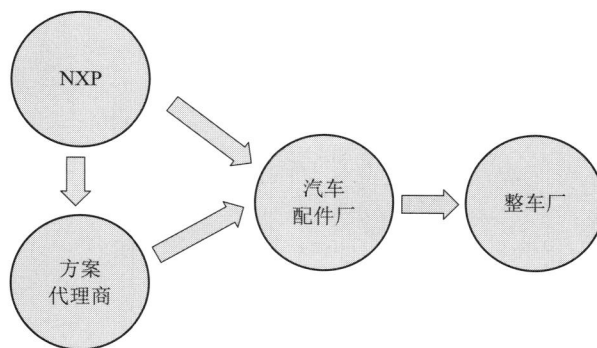

图 2-19　PEPS 项目参与方

在实际工作中，一个项目在正式启动之前，都有一个商业谈判的过程阶段。商业谈判阶段包括方案设计与推广，项目实现可行性分析，销售渠道确认，成本价格谈判，付款方式(如财务账期、货币类型、收付款渠道等)确定。

在商业洽谈阶段,由代理商根据客户端预研发项目,如 PEPS 项目,提供满足该项目需求的设计方案,并进行多次沟通确认产品型号和功能。甲方客户也就是汽车配件厂确认方案后,将进一步与直接供应商 NXP 确认采购渠道和价格。

类似 NXP 这类直接供应商,会根据甲方的预计量产规模确认阶梯价格,用量越大价格越低。项目量产规模与具体品牌和车型都有关系,市场热销车型的用量会比较大。此外,采购价格和财务账期也有直接关系,短账期意味着甲方资金流充足,付款压力小,采购价格会相对调低;长账期意味着代理采购的供货方要承受更大的付款压力,供货方会调高利润,对甲方而言采购价格会相对较高。

2.4　工　程　避　坑

有了上面的 PKE 设计方案,我们在淘宝中查询比如 PCF7991 贴片,得知一片 PCF7991 贴片只要 2~5 元,那是不是我们在淘宝中直接购买该全新原装芯片就可以进行开发呢,这个硬件的成本是不是就是只需要 2~5 元一片呢?

注意:在这里只考虑单片硬件的成本是不可取的,这可能会导致这个项目不赚钱甚至贴钱。因为开发该系统需要明确这个硬件有配套的软件或开发环境吗;这个软件或开发环境是免费的还是只提供简单的 demo;做这个项目是只需要使用该硬件的最基本功能还是有一些设计和定制要加入;如果需要后者那就要好好研究开发环境或软件内容,是否要签保密协议,是否走量多的大客户才能得到开发环境;要支付的软件使用费用是多少;会有哪些相关的使用文档或相关培训。以上这些都要纳入开发成本,开发成本要综合平摊到部件成本中。

因此,需牢记淘宝单件元器件的价格(如图 2-20 所示)一般是要远远低于开发成本的,何况还要考虑工时人工成本等。

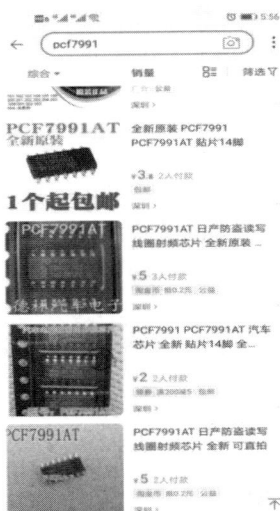

图 2-20　淘宝价格参考

2.5　课后习题

一、主观题

在上述方案中，一般射频识别采用的频率是多少？并请说出选用该频率的理由是什么。

二、估算题

方案硬件成本(开发成本除外)估算题(1000 个产品为例)，见表 2-1。

表 2-1　方案硬件成本估算

硬件名称	件　数	价　格
PCF7991		
PCF7952		
PCF7900		
UAA3220		
PCF7953		

项目 2　无钥匙进入及启动系统 PEPS

项目 3　电动车管理物联网平台开发

修身齐家治国平天下，这句话用来形容项目的管理逻辑再合适不过。做项目的，面对的项目文件可谓用海量来形容。更麻烦的一点是，项目时间跨度长，搞不好随时要去翻几年之前做的项目文件。

因此，良好的文件管理系统非常重要，项目管理的思路和工具的学习也非常必要。

3.1　生产现场项目管理概述

项目管理是为了使工作项目能够按照预定的需求、成本、进度、质量顺利完成，而对人员、产品、过程和项目进行分析和管理的活动。

软件项目管理的对象是软件工程项目，它所涉及的范围覆盖了整个软件工程过程。为使软件项目开发获得成功，关键问题是必须对软件项目的工作范围、可能风险、需要资源(人、硬件/软件)、要实现的任务、经历的里程碑、花费工作量(成本)、进度安排等做到心中有数。这种管理在技术工作开始之前就应开始，在软件从概念到实现的过程中继续进行，当软件工程过程最后结束时才终止。

软件项目管理是为了使软件项目能够按照预定的成本、进度、质量顺利完成，而对人员(People)、产品(Product)、过程(Process)和项目(Project)进行分析和管理的活动。

软件项目管理的根本目的是让软件项目尤其是大型项目的整个软件生命周期(从分析、设计、编码到测试、维护全过程)都能在管理者的控制之下，以预定成本按期、按质地完成软件交付用户使用。而研究软件项目管理是为了从已有的成功或失败的案例中总结出能够指导今后开发的通用原则、方法，同时避免前人的失误。

生产现场管理是一项科学性、实用性、综合性非常强的管理工作。

3.2　生产现场项目管理工具简介

项目管理涉及有效的计划和对工作的系统管理。它包括定义项目目标，制定行程和安排任务，以达到特定的目标。有很多图形工具可以使项目管理更有效、更高效，通用的有甘特图、PERT 图、日历、时间线、WBS、思维导图、状态表和 HOQ。这些都是十分有用的工具，可以对项目范围进行可视化，用户可以选择一种符合自身情况的工具。

3.2.1 甘特图

甘特图有助于计划和管理项目，它把一个大型项目划分为几个小部分，并有条理地展示。每个任务都有预期完成时间，由水平的条形代表，左端代表开始日期，右边代表任务的完成日期。任务可能循序渐进，也可能并行，时间有重叠。在项目过程中，重要的事项可以用一个小菱形标记为里程碑。

从一个甘特图中可以清晰地看出子任务是什么，以及每个任务何时开始，何时结束。可视化地呈现一个项目还可以轻松了解每个阶段会发生的事情，从而跟踪项目进程。如图3-1 所示为某汽车部件有限公司项目开发时间进度表，如图 3-2 所示为某土建有限公司项目施工进度横道图。

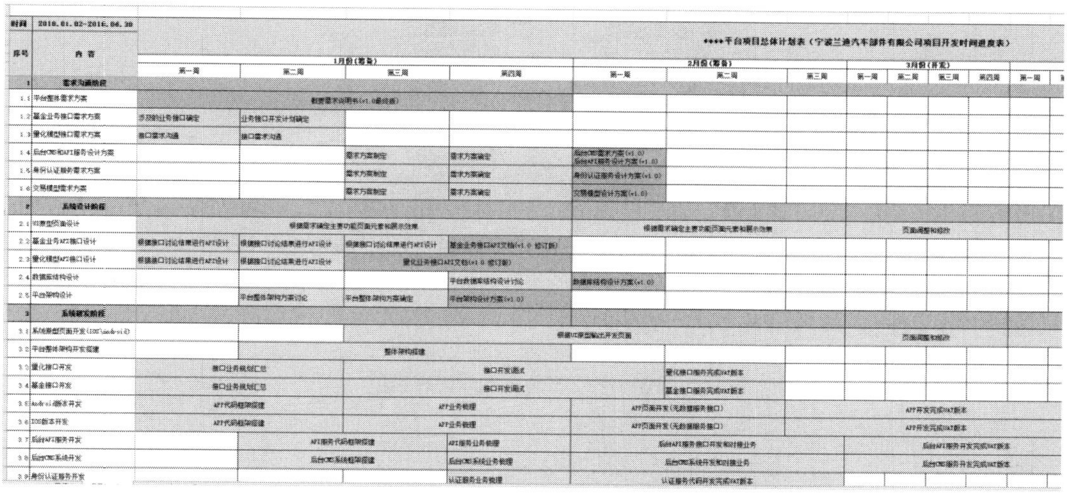

图 3-1 某汽车部件有限公司项目开发时间进度表(甘特图)

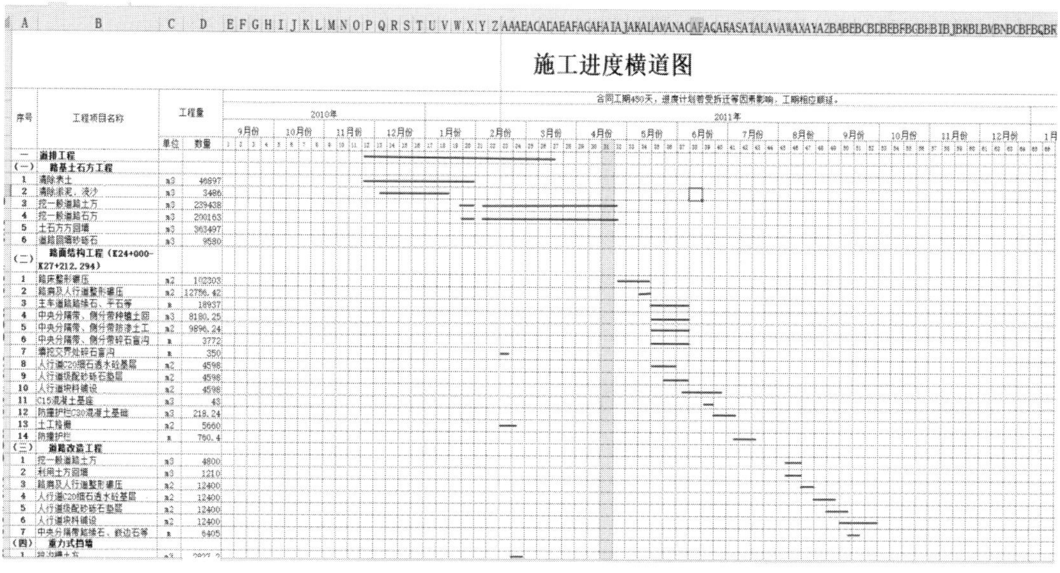

图 3-2 某土建有限公司项目施工进度横道图(甘特图)

3.2.2　PERT 图

PERT 是项目评价和评估技巧(Project Evaluation And Review Technique)的英文缩写。PERT 图是用于计划和安排整个项目行程，跟踪实施阶段的主要项目管理工具之一。PERT 图也能展示任务划分，时间分配和开始、结束日期。不像甘特图用条形代表任务，PERT 图用关系模型展示信息，用方框代表任务，箭头代表任务之间的关系。PERT 图的排版形式使得活动之间的关系比甘特图更加明显，但它的缺点是任务较难跟进，因为有太多的联系和任务。如图 3-3 所示为某公司项目 PERT 图。

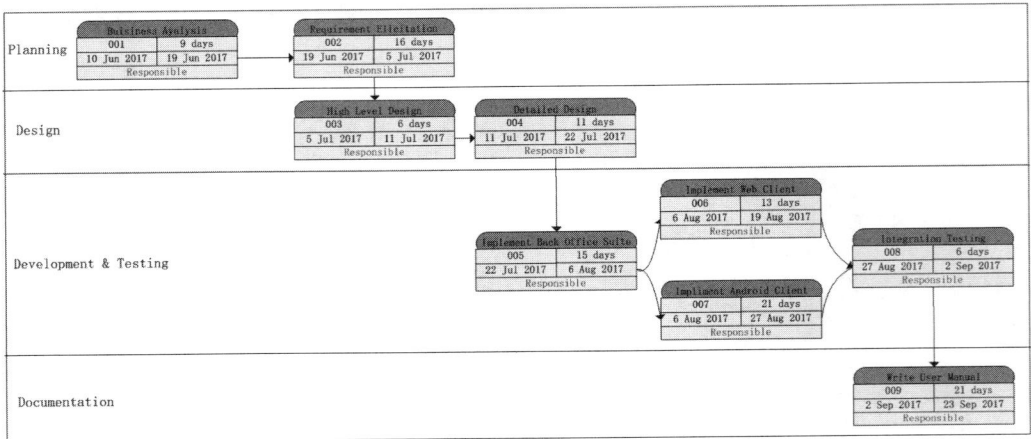

图 3-3　某公司项目 PERT 图

3.2.3　日历

日历是基于时间，易于理解的项目管理工具。这对于个人时间管理更加合适，能帮助我们更好地管理每天、每周或每个月的时间行程。这种工具的出色之处在于，它有很多空间添加待办事项列表。它将提醒我们每天要做的事情，确保事情能在截止日期前完成。某公司产品项目日历如图 3-4 所示，某公司洽谈项目日历如图 3-5 所示。

图 3-4　某公司产品项目日历

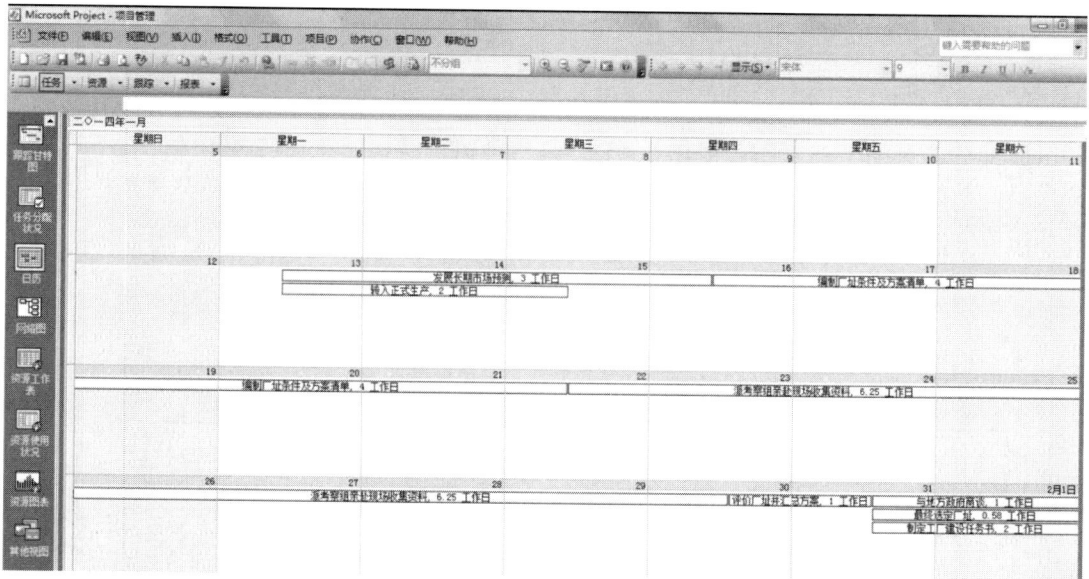

图 3-5　某公司洽谈项目日历

3.2.4　时间线

时间线也是一种可视化的项目管理工具，有助于跟踪项目进程。通过时间线可以直观地看到某个任务需要在什么时间完成，这是了解任务时间更加有序的方法。但是，时间线没有甘特图那么受欢迎，因为它在展示任务联系和完成状态时有局限。如图 3-6 所示为用 Excel 做的某 IT 项目时间线。

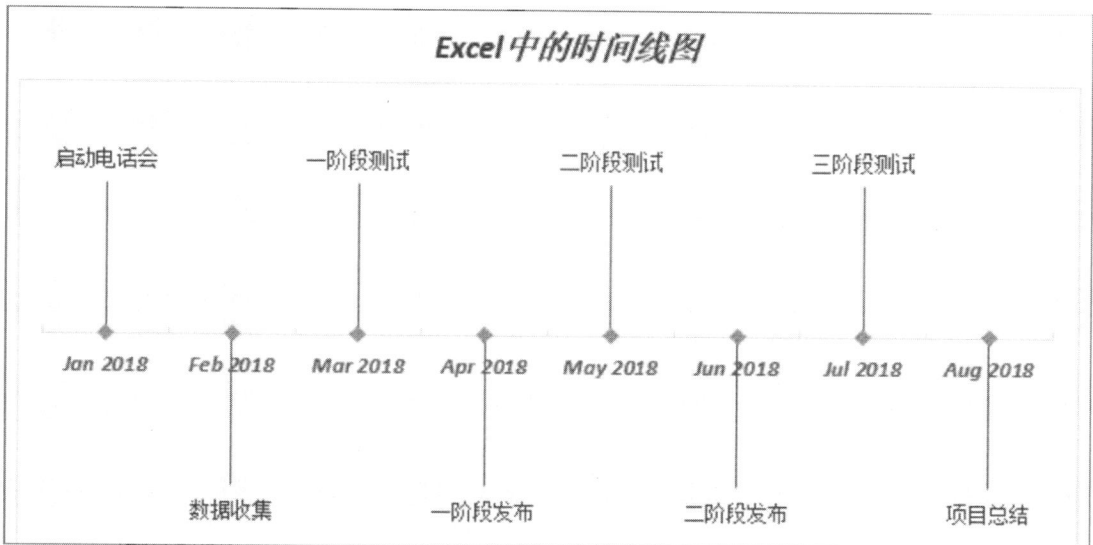

图 3-6　用 Excel 做的某 IT 项目时间线

3.2.5　WBS

WBS 即工作分解结构，是一种常用的项目管理工具，通过把项目分解成能有效安排的组成部分，有助于把工作可视化。WBS 是一种树形结构，总任务在上方，往下分解为分项目，然后进一步分解为独立的任务。WBS 与流程图相似，各组成部分逻辑连接，任务的组成部分用文字或形状解释。如图 3-7 所示为某软件项目检测系统 WBS。

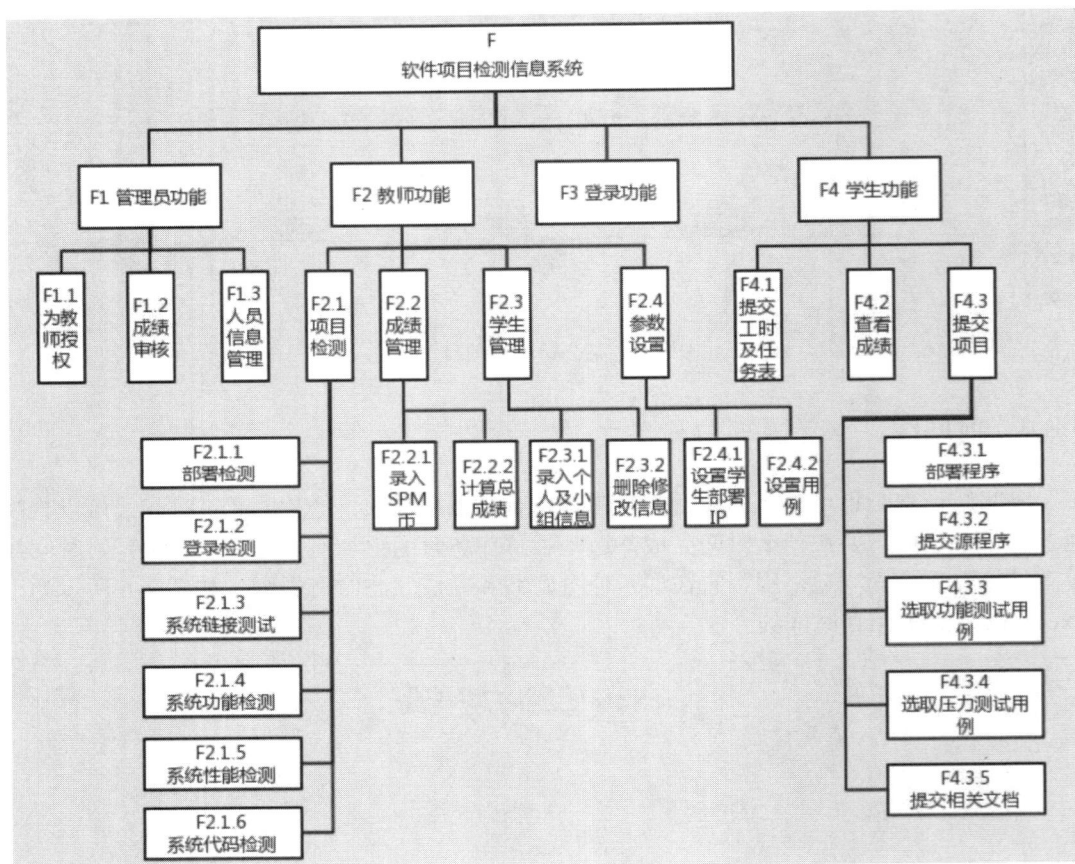

图 3-7　某软件项目检测系统 WBS

3.2.6　思维导图

思维导图对于项目管理也十分有用。与其他项目管理工具不同，思维导图没那么正式，也就更灵活，即可以用它把项目分解成小任务，管理待办事项清单或者分析问题。通过思维导图可以插入图片、链接文件、隐藏分支来聚焦于某个部分，这些是其他项目管理工具做不到的。如图 3-8 所示为某项目整合管理思维导图。

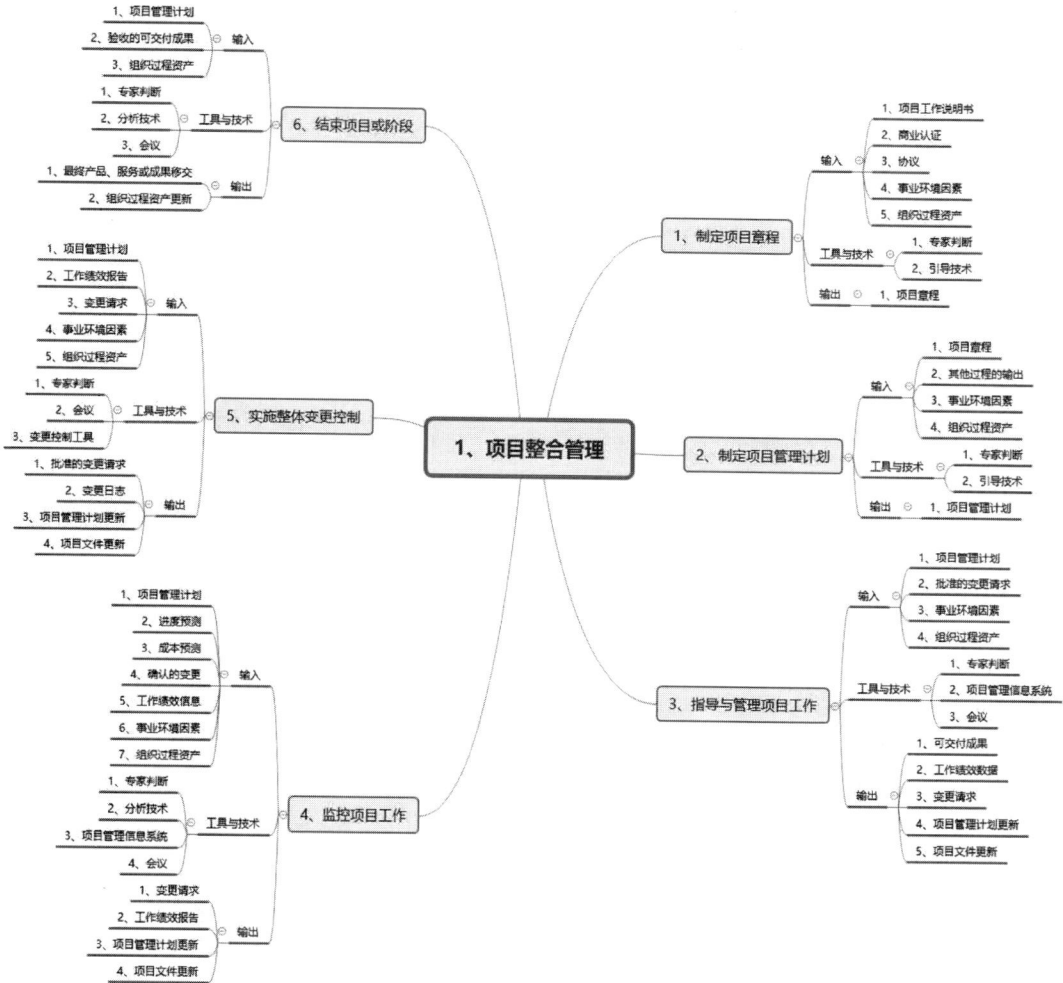

图 3-8　某项目整合管理思维导图

3.2.7　状态表

状态表用于跟踪项目进程时十分有效。它不包含项目持续时间和任务关系等细节，但是更注重于项目状态和完成的过程。项目状态表的极佳功能是，它也包含了任务的负责人，如此一来，项目负责人可以更好地评估员工的业绩，知晓问题发生时该由谁负责。如图 3-9 所示为某摄影项目调试安装状态表。

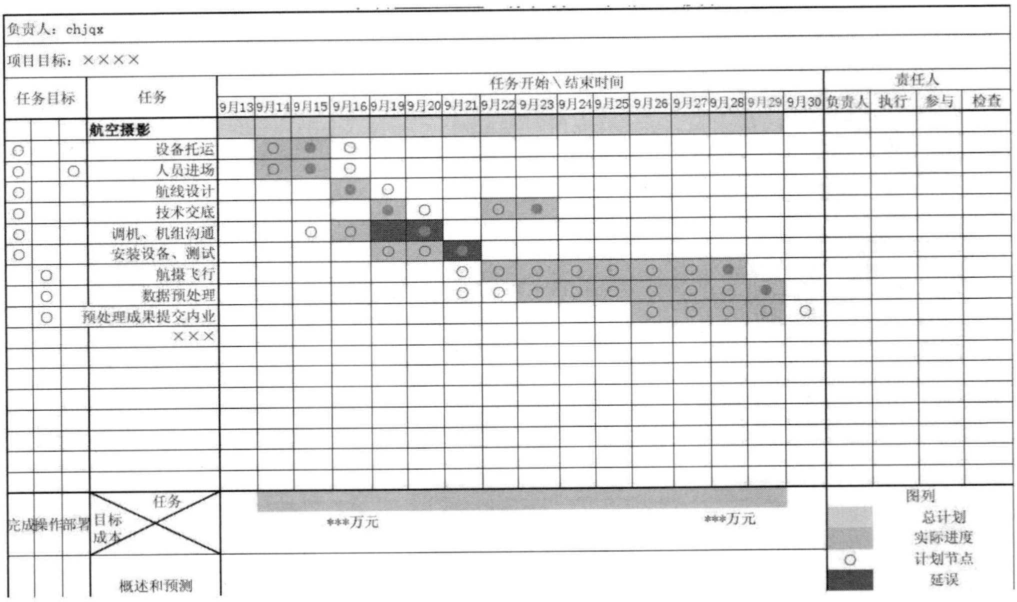

图 3-9　某摄影项目调试安装状态表

3.2.8　HOQ

HOQ(House Of Quality)是指质量屋，用于界定顾客需求和产品功能之间的关系。此工具用于质量功能配置，促进团队决策。如图 3-10 所示为某图书项目质量屋。

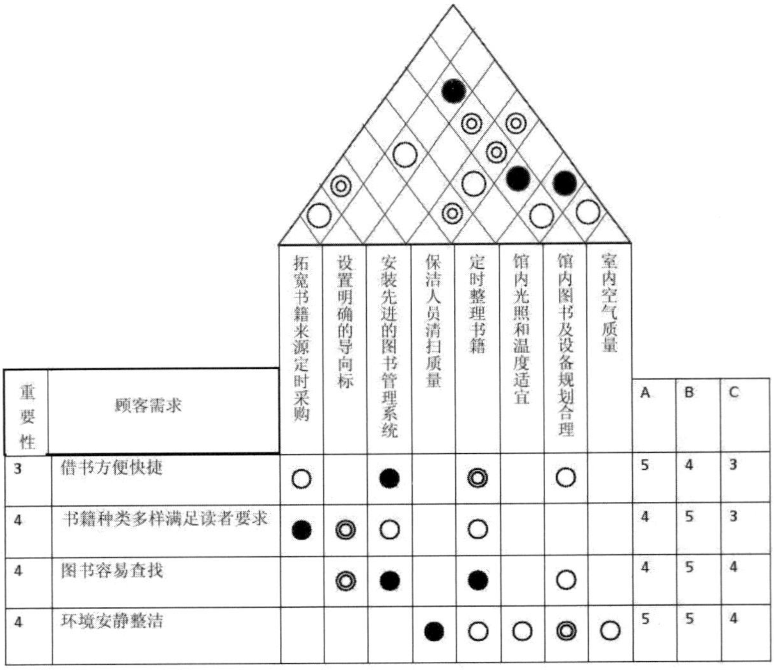

图 3-10　某图书项目质量屋

3.3　电动车管理物联网平台开发项目文件管理

3.3.1　项目立项及管理文档

1. 产品开发可行性分析报告

产品开发可行性分析报告是产品开发中关键的一步,是企业在开发新产品之前,根据企业实际情况,并充分结合市场环境,具体分析新产品开发方案在实践中的可行性、可操作性以及所能达到的效果和具体实施步骤的书面报告。

理论上的产品开发可行性分析报告的写作要点包括但不限于:

(1) 项目名称、承办单位及负责人。

(2) 可行性分析。

① 市场分析。

· 分析市场发展历史与发展趋势,说明本产品处于市场的哪个发展阶段。

· 分析本产品和同类产品的价格。

· 统计当前市场的总额、竞争对手所占的份额,分析本产品能占多少份额。

· 分析产品消费群体特征、消费方式以及影响市场的因素。

② 政策分析。分析有无政策支持或者限制,分析有无地方政府(或其他机构)的扶持或者干扰。

③ 目标市场分析。

④ 竞争实力分析。分析竞争对手的市场状况、研发、销售、资金、品牌等方面,分析自己的市场状况、研发、销售、资金、品牌等方面。

⑤ 技术可行性分析。

· 本项目的主要技术指标、网络结构、实现的目标以及应用系统等新采用的技术等。

· 技术队伍,项目带头人技术水平及主要承担人员构成。

· 项目开发工作的物质条件准备情况。

⑥ 时间和资源可行性分析。按照正常的运作方式,分析开发本产品并投入市场是否还来得及,人员是否能及时到位,软件硬件是否能及时到位。

⑦ 知识产权分析。考虑是否已经存在某些专利将妨碍本产品的开发与推广;本产品能否得到知识产权保护,如何获得知识产权以及存在的问题及建议。

(3) 新产品的基本情况及生产规模。

(4) 生产条件设计方案及生产技术设备方案。

(5) 开发实施进度计划。

(6) 产品价格分析。

(7) 上市分析。

(8) 投资估算、资金筹措。

(9) 产品成本估算。

某企业电动车管理物联网平台的产品开发可行性分析报告详见附录 1——产品开发可

行性分析报告。从报告中我们可以看出，实际企业中会对不同项目做出侧重点不同的可行性报告，但归根结底就在于"是否可行"，也就是经济上是否有利，时间和技术等各个方面能否实现。

2. 产品开发立项书

不同公司、不同类型的项目的产品开发立项书有不同的作用。

有的是针对政府部门的，比如大型项目要列入政府发展计划中，项目要做下去得经过政府部门批准(发改委或者发改局)，这就需要在发改委或者发改局立项。立项的时候一般需要准备编制好的可行性分析报告，土地局的用地预审，规划部门的选址意见，环保局的环评意见，规划部门核发的红线图等文件，所有文件都需要发改委或者发改局的批复。

有的是针对公司自己内部的，比如某企业电动车管理物联网平台的产品开发立项书，主要是针对产品开发的安排及经费预算，详见附录2——产品开发立项书。

3. 产品开发评审表

顾名思义，产品开发评审表是产品开发过程中的评审表格，用于确保开发输入输出的充分性、合理性、可行性和产品实现的可行性和经济性。

某企业电动车管理物联网平台的产品开发评审表详见附录3——产品开发评审表。

4. 产品需求文档

研究系统需求的目的是通过对系统进行调查与研究，开发人员对系统的功能和实现目标有了清楚的理解与深刻的认识，并从中对系统进行一系列的约束。

某企业电动车管理物联网平台的产品系统需求文档详见附录4——产品需求文档。

5. 管理进度表

管理进度表是为了更一目了然地了解和管理进度。如图3-11所示就是某企业电动车管理物联网平台的管理进度表。

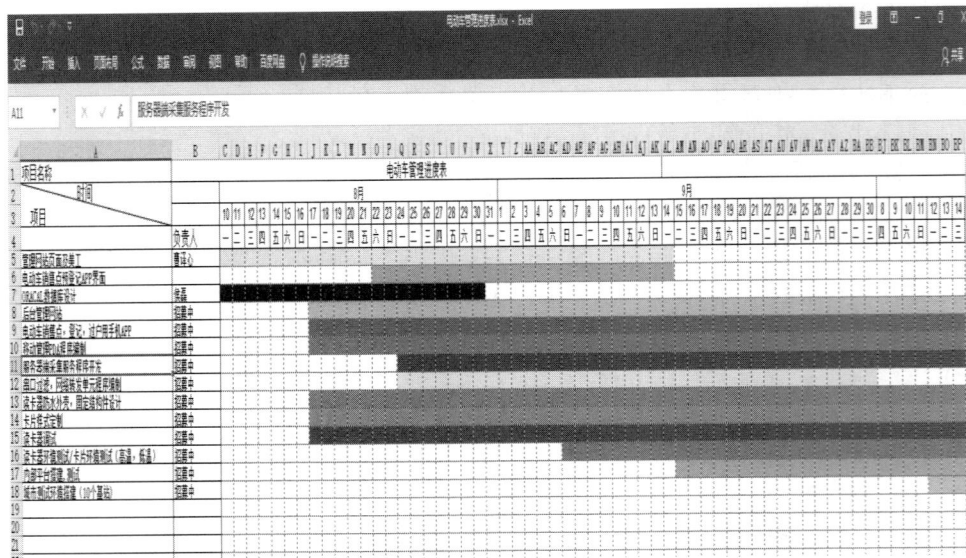

图3-11　某企业电动车管理物联网平台的管理进度表

6. 产品管理立项书

产品管理立项书是为了方便产品的管理立项，对人员、经费等进行管理。某企业电动车管理物联网平台的产品管理立项书详见附录 5——产品管理立项书。

7. 产品开发计划书

产品开发计划书是为了更好地对产品的时间、人员、进度等进行管理。某企业电动车管理物联网平台的产品开发计划书详见附录 6——产品开发计划书。

3.3.2　项目说明文档管理

如图 3-12 所示为某企业电动车管理物联网平台的说明文档列表。说明文档越详细越清楚越好，对用户和对公司后期的维护维修服务都有很大的好处。图 3-12 中的电动车管理说明书详见附录 7——电动车管理说明书，其余具体 WORD 文件可扫描旁边二维码下载。

项目说明文档

文件名	日期	类型	大小
1电动车管理说明书.docx	2021/12/12 10:37	Microsoft Word ...	3,323 KB
2电动车管理系统内部技术方案.docx	2021/12/10 13:29	Microsoft Word ...	395 KB
3电动车管理需求技术文档.docx	2015/12/24 16:57	Microsoft Word ...	147 KB
4基于RFID老人与儿童管理系统方案.docx	2015/10/22 11:45	Microsoft Word ...	215 KB
5物联网信息平台架构.docx	2015/6/15 17:35	Microsoft Word ...	28 KB
6通讯协议（基于服务器）.docx	2021/12/10 12:01	Microsoft Word ...	254 KB
7通讯协议（基于客户端）.docx	2021/12/10 12:00	Microsoft Word ...	245 KB
8超高频读写器产品说明书.docx	2021/12/12 10:19	Microsoft Word ...	345 KB
9超高频有源标签产品说明书.docx	2021/12/12 10:19	Microsoft Word ...	225 KB
10城市管理物联网系统架构、现状及前景.docx	2015/7/24 22:13	Microsoft Word ...	33 KB
11基于RFID的城市管理物联网.pptx	2021/12/10 13:37	Microsoft Power...	576 KB
RFID结构图.bmp	2015/10/21 9:09	BMP 图像	4,219 KB
电动车结构图.bmp	2015/10/21 9:09	BMP 图像	4,219 KB

图 3-12　某企业电动车管理物联网平台的说明文档列表

3.3.3　项目采购及硬件管理文档管理

如图 3-13 所示为某企业电动车管理物联网平台项目的硬件管理文档列表，用于对设备采购和经费的相关管理。具体源文件可扫描旁边二维码下载。

项目采购及硬件管理文档

文件名	日期	类型	大小
RFID结构图.bmp	2015/10/21 9:09	BMP 图像	4,219 KB
RFID前端设备采购单.xlsx	2015/6/9 10:05	Microsoft Excel ...	336 KB
RFID前端设备资料.xlsx	2015/6/9 11:04	Microsoft Excel ...	491 KB
RFID相关设备资料.xlsx	2015/6/9 9:16	Microsoft Excel ...	492 KB
电动车结构图.bmp	2015/10/21 9:09	BMP 图像	4,219 KB
老人与小孩管理报价清单.xlsx	2015/10/22 11:57	Microsoft Excel ...	13 KB
以卡管车设备清单.xlsx	2016/1/15 8:36	Microsoft Excel ...	13 KB

图 3-13　某企业电动车管理物联网平台的硬件管理文档列表

3.4　课后习题

某信息系统开发项目的 PERT 图如图 3-14 所示。

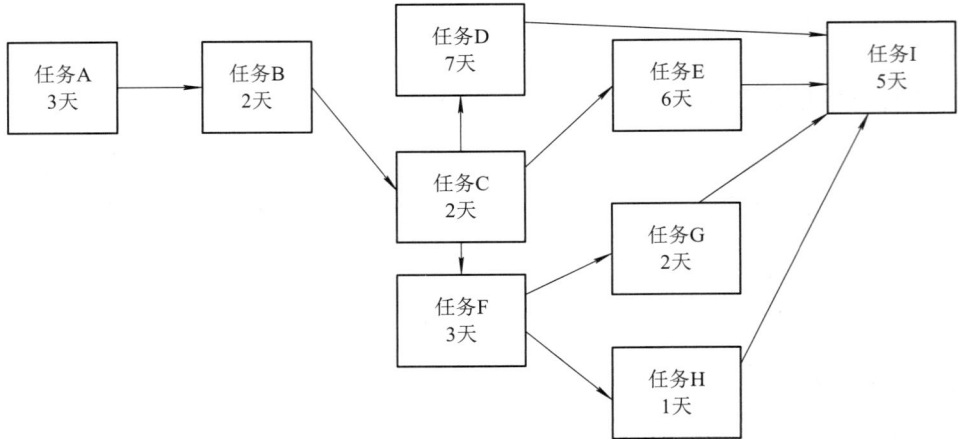

图 3-14　某信息系统开发项目的 PERT 图

(1) 该项目最早完成时间为(　　　)。

A. 19 天　　　　　　　　　　B. 18 天

C. 17 天　　　　　　　　　　D. 16 天

(2) 请用 Excel 画出该项目的项目进度表。

项目 3　电动车管理物联网平台开发

项目 4　Android+Arduino 综合应用

通过 Android 手机的蓝牙通信功能控制 Arduino 实现点亮或熄灭 LED 灯的实验设计，是一个 Android + Arduino 的交互设计的过程。因此，本章的学习需要掌握 Arduino 控制 LED 灯的设计与实现，蓝牙设置和 Android 蓝牙通信与相应的多线程编程。这是一个很小的实验，却是一个复杂的多门知识的集合。为了完成这个实验以及以后的相应实验，我们首先需要学会蓝牙设置，只有相应参数一致的蓝牙才能配对通信。

通过本章的项目练习，可将 LED 灯的 Arduino 控制部分很容易地移植到智能小车的左右灯转向指示上，可在智能小车控制设计中自行拓展完成。

4.1　蓝　牙　设　置

对蓝牙的设置，首先要把蓝牙连接到计算机，只有计算机才能实现对蓝牙的命令操作。蓝牙连接计算机的方式，依据我们现有的设备可采用两种方式：通过 USB 转 TTL 串口模块连接蓝牙和通过 Arduino 连接蓝牙。

4.1.1　通过 USB 转 TTL 串口模块连接蓝牙并设置蓝牙参数

(1) 将蓝牙 HC-06 与 USB 转 TTL PL2303(或其他芯片)模块通过杜邦线连接，注意 TXD 和 RXD 互相对接，如图 4-1 所示。

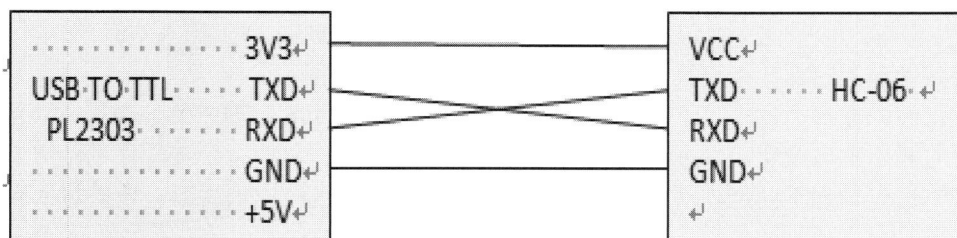

图 4-1　蓝牙 HC-06 与 USB 转 TTL PL2303 模块连接图

实物连线如图 4-2 所示。

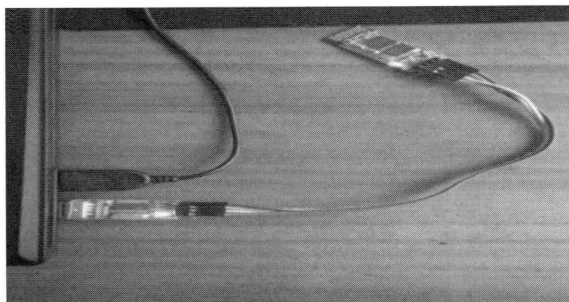

图 4-2　蓝牙 HC-06 与 PL2303 模块连接实物图

如果购买的 PL2303 转接线(见图 4-3)，不能看到各针的标记，则可通过线的颜色分辨和连接。具体连接方法如下：

- 绿色线接蓝牙的 RXD 针。
- 白色线接蓝牙的 TXD 针。
- 红色线接蓝牙的+5 V 针。
- 黑色线接蓝牙的 GND 针。

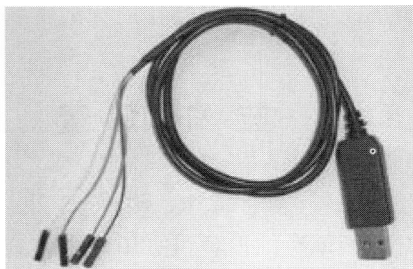

图 4-3　PL2303 转接线

PL2303 与 HC-06 连接好之后，将 PL2303 插入计算机 USB 口中。

注意：除了 PL2303 串口转换模块外，还有其他如 CH340 等模块的 USB 转 TTL 串口方式，一定要安装相应的驱动程序才能连接成功，其驱动程序可向厂家索要，购买相应模块时一定谨记向商家索要相应的驱动软件。

(2) 利用串口调试助手等工具(串口工具有很多，其中任何一款均可使用)进行 AT 指令测试，并将 HC-06 设置为 9600 波特率。串口号要在 PC 的 USB 口上插入 USB 转串口模块后到设备管理器的端口上查找，与 Arduino 端口查找方法相同。

在我们的日常调试中，用得最多的蓝牙模块一定是 HC-06 和 HC-05。这两者都是主从一体化的蓝牙串口模块，也是一样的供电电压(3.3～3.6 V)，它们有很多一样的地方，不过在用法中也有一些不同之处，下面将两者不同的使用方法进行详细讲解，希望对读者有些帮助。

HC-06 进入 AT 模式的方法是给模块上电，不配对的情况下(也就是指示灯一直快速闪烁的时候)就是 AT 模式了，即命令状态。指令间隔为 1 s 左右。

HC-05 进入 AT 模式的方法则是先按住蓝牙模块上面那个小的按钮开关，然后再将 USB 转 TTL 串口接到 PC 上(上电)，即可进入 AT 模式，此时小灯慢闪(间隔 1 s)。改为 BT 模式时，拔下来，重新上电即可进入 BT 模式(小灯快闪)。

出厂默认参数：波特率为 9600，N81(无校验位，8 位数据位，1 位停止位)，名字为 HC-05(或 HC-06)，密码为 1234。

注意：如果 AT 指令发送后没有反应，那么可能的原因是以下四个之一：

· 可能是周围存在干扰，目前不确定。

· 已经进行了配对，此时 AT 指令无效。

· USB 转串口存在不确定的因素。

· 对于 HC-05 使用 SSCOM3.2 要在图 4-4 中勾选"发送新行"选项，且波特率要选为 38 400。

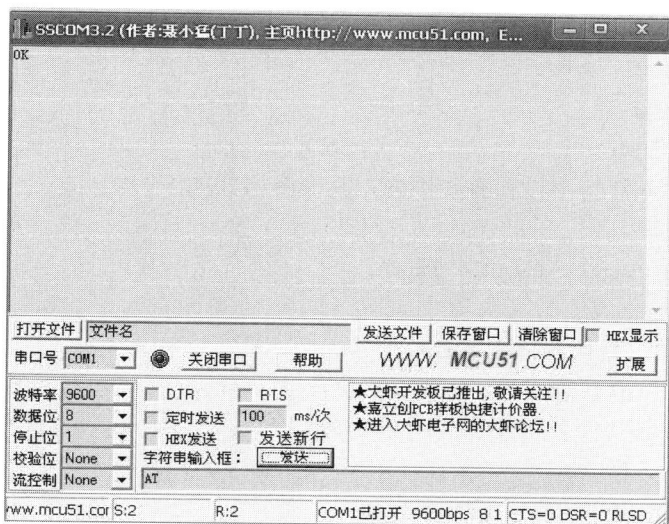

图 4-4 启动 PC 机串口调试助手软件

蓝牙 AT 模式   蓝牙可配对   电脑与 HC-05   蓝牙配对成功
指示灯   模式指示灯   模块初次测试   指示灯

(3) 设置蓝牙配对的相关参数。

① 测试通信。

发送：AT(返回 OK，1 s 左右发一次)。

返回：OK。

如果没有图 4-4 所示的"OK"出现，则有可能是要在 AT 指令后面加回车才可以识别，所以此时要在发送的 AT 指令后面加上回车符。用 SSCOM/XCOM 串口调试助手，则勾选"发送新行"即可不需要再加回车符了(本书实验用的 HC-06 蓝牙模块没有要求加回车符，若勾选"发送新行"则反而没有"OK"出现，故不能勾选"发送新行"项，如图 4-4 所示)。

② 改蓝牙串口通信波特率。

HC-06 的波特率设置方法：

发送：AT+BAUD1。

返回：OK1200。

发送：AT+BAUD2。

返回：OK2400。

BAUD 后面设置中的数字 1、2 等代表的含义是波特率，具体如下：

    1——1200

    2——2400

    3——4800

    4——9600(默认设置)

    5——19 200

    6——38 400

    7——57 600

    8——115 200

HC-05 与 HC-06 波特率设置有些不同，其命令格式如下：

    AT+UART?

    AT+UART=<Param1>,<Param2>,<Param2>

其中：

    Param1：波特率(具体波特率的数值)。

    Param2：停止位(0 代表 1 位；1 代表 2 位)。

    Param3：校验位(0 代表无校验；1 代表 Odd 校验；2 代表 Even 校验)。

    默认设置：

        AT+UART=9600,0,0

注意：其他参数均可以重新设置，但在设置其他参数之前一定要预先知道蓝牙的波特率，因此，对波特率的设置一定要谨慎。本书规定，在做实验时，蓝牙波特率只能设为 2400 或出厂时的默认值 9600，请不要设为其他数据，以免其他人无法接手。

③ 改蓝牙配对密码。

发送：AT+PINxxxx。

返回：OKsetpin。

参数 xxxx：所要设置的配对密码，4 个字节，此命令可用于从机或主机。从机是适配器或手机弹出要求输入配对密码窗口时，手工输入此参数就可以连接从机。主蓝牙模块搜索从机后，如果密码正确，则会自动配对，主模块除了可以连接配对从模块外，其他产品包含从模块的时候也可以连接配对，比如含蓝牙的数码相机、蓝牙 GPS、蓝牙串口打印机等。

例：发送 AT+PIN8888，返回 OKsetpin。

这时蓝牙配对密码改为 8888，模块在出厂时的默认配对密码是 1234。

④ 更改模块主从，其命令格式如下：

    AT+ROLE=M   //设置为主

    //返回 OK+ROLE:M//

    AT+ROLE=S   //设置为从

    //返回 OK+ROLE:S

　　注意：手机第一次连接一个外部蓝牙模块时，先进入蓝牙设置进行配对，输入对方蓝牙密码才可以使用。只需一次配对就可以。

　　本书实验需要的设置：用手机连接蓝牙 Arduino 系统，要是把 Arduino 上的蓝牙设为从机，那么手机蓝牙是主机角色。

　　⑤ 改蓝牙名称。

　　HC-06 发送：AT+NAMEname。

　　HC-05 发送：AT+NAME=name。

　　返回：OKname。

　　参数可以掉电保存，只需修改一次。PDA 端(手机端蓝牙助手)刷新服务可以看到更改后的蓝牙名称。

✴ **特别提示**

- 用 AT 命令设置好所有参数后，下次上电使用不需再设置，可以掉电保存相应参数。
- 本实验为了与单片机通信程序一致，故应将蓝牙设置为 2400 波特率，即

　　发送：AT+BAUD2　　　返回：OK2400

　　为了验证修改是否成功，可以在图 4-4 的"波特率"中选择"2400"，在发送框填写大写的"AT"，然后点击"发送"按钮。模块返回"OK"，则说明当前波特率为 2400。

- 蓝牙命令模式的功能是有限的，很多功能命令也不统一，故有些命令并不能通用，比如恢复出厂参数、查询波特率、查询地址等都不尽如人意。

4.1.2　通过 Arduino 连接蓝牙并设置蓝牙参数

　　我们已经有了 Arduino 控制器板，Arduino 本身具备 USB 转串口的功能，那么就可以利用 Arduino 替代 USB 转串口模块，实现蓝牙参数的设置了。

　　在通过 Arduino 连接蓝牙设置蓝牙参数时，我们必须要明白 Arduino 所带的 USB 数据下载线连接的端口(Arduino 串口)实际是 Arduino 控制器的 RXD(数据位发送)和 TXD(数据位接收)，即数据位第 0 针(pin0)和第 1 针(pin1)。这也是 Arduinod 的串口。

　　利用 Arduinod 的串口第 0 针(pin0，RXD)和第 1 针(pin1，TXD)连接蓝牙，就可以实现 Arduinod 蓝牙串口。这样，对于理解蓝牙串口也是相对直观的，Arduinod 的串口与蓝牙模块只要做 RXD《=》TXD 的互联，就实现了 Arduinod 蓝牙串口的功能。但这样互联，由于蓝牙串口占用了原有 Arduinod 的串口，故会直接影响 Arduinod 数据下载烧写。烧写与蓝牙串口在同时间内只能有一个可以使用，不能同时连线，只要同时连线，就不能正常工作。因此，建立软串口连接蓝牙就很有必要。

　　Arduino 控制器的串口已经占有了 0 针和 1 针，负责数据下载等，那么我们就需要再开辟一个新的串口，连接蓝牙模块。Arduino 库中有一个 SoftwareSerial 符合这样的要求，我们就利用软串口的概念实现通过 Arduino 连接蓝牙设置蓝牙参数的目标。

　　1) 蓝牙连接 Arduino 电路设计

　　我们将设 Arduino 控制器的第 10 针为 RXD，设 11 针为 TXD；电源 VCC 的典型值为

3.3 V，如图 4-5 所示。

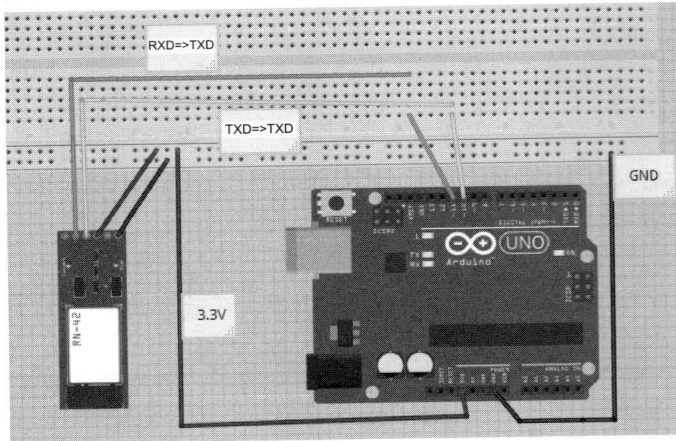

图 4-5　蓝牙连接 Arduino 电路设计图

其原理图如图 4-6 所示。

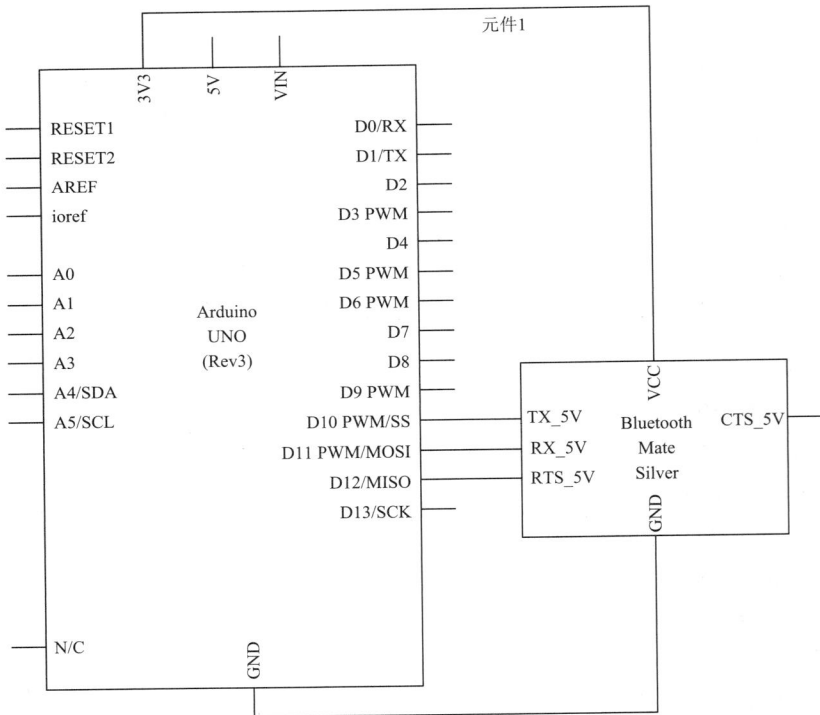

图 4-6　蓝牙连接 Arduino 电路原理图

2）Arduino 软串口程序设计

0 针与 1 针依旧作为 Arduino 串口，新设 10 针与 11 针作为一个新的软串口。相应程序如下：

程序实例 4-1　（\Android+Arduino 交互设计\程序\arduino 程序\PE4-1）

```
#include <SoftwareSerial.h>
SoftwareSerial BT(10, 11);          //设 10 针为 RXD，设 11 针为 TXD；定义软串口名为 BT
```

```
char val;
void setup() {
   // put your setup code here, to run once:
   Serial.begin(2400);                //注意此波特率要与蓝牙的波特率相同
   BT.begin(2400);
//Serial.println("wangcd");
   BT.print("1234");
}

void loop() {
   // put your main code here, to run repeatedly:
   if(Serial.available()) {           //Arduino 原串口(0pin,1pin)输出有变化
      val = Serial.read();            //读串口数据
      BT.print(val);                  //将串口数据写到软串口 BT
   }
   if(BT.available()) {               //软串口 BT 输出有变化
      val = BT.read();                //读软串口数据
      Serial.print(val);             //将软串口数据写到串口上并可以在监视器上显示
   }
}
```

通过程序分析我们不难发现，Arduino 串口监视器即串口输入输出只有一个，即使做多个软串口，也必须将软串口的输入输出转换到硬串口上才能完成人机交流。

将程序实例 4-1 编译通过后，下载到 Arduino UNO 板卡上，在 Arduino IDE 中选好板卡型号和串口端口号，打开串口监视器，选择好与蓝牙及 Arduino 程序相适应的波特率，输入 AT 命令，出现如图 4-7 所示的结果。

图 4-7　通过 Arduino 串口监视器设置蓝牙

Arduino 串口监视器与各种串口助手的作用是等价和一致的，此时，也可使用任何一种串口助手来完成相应的蓝牙设置任务。

4.2　LED 灯基本实验

　　LED 小灯实验是比较基础的实验之一。这次我们利用其他 I/O 口和外接直插 LED 灯来完成这个实验，实验器材除了每个实验都必需的 Arduino 控制器和 USB 数据下载线以外，其他器件如下：

(1) 红色或其他任何颜色的发光二极管直插 LED 1 个。

(2) 220 Ω 直插电阻 1 个。

(3) 面包板 1 个。

(4) 面包板跳线 1 扎。

　　下一步按照下面的小灯实验原理图连接实物图，这里使用数字 12 接口。使用发光二极管 LED 时，要连接限流电阻，这里为 220 Ω 电阻，否则电流过大会烧毁发光二极管。连接 13 针接口的 LED 可以不接限流电阻，因为在 Arduino UNO 板卡内部电路中对 13 针已经做了限流处理。

　　小灯实验原理图如图 4-8 所示。

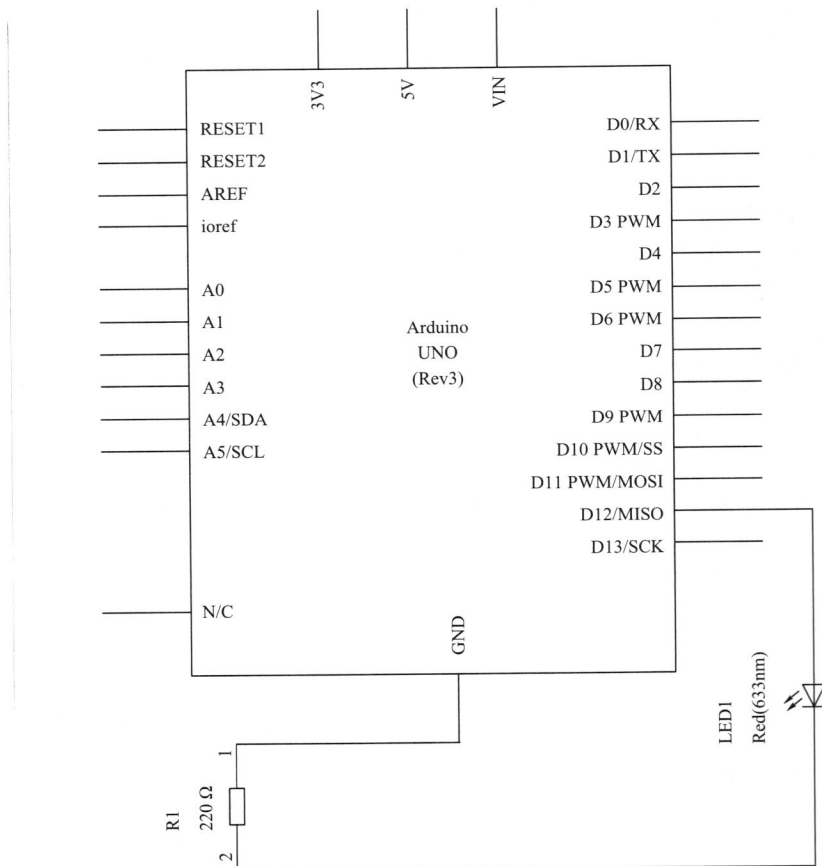

图 4-8　小灯实验原理图

小灯实验实物连接图如图 4-9 所示。

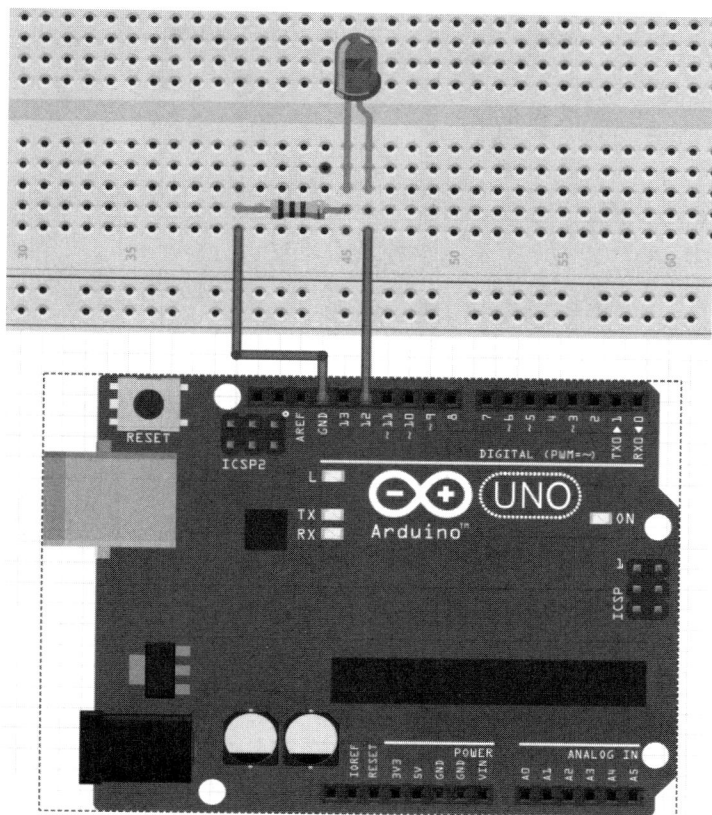

图 4-9　小灯实验实物连接图

对电阻值的确定，可以采用万用表直接测量是最好的，但在计算机机房实验时又不太现实，因此，还是借用第三方软件比较方便。色环电阻分为五环和四环，有四种颜色的为四环电阻，五种颜色标在电阻体上的为五环电阻。

电阻色环识别的一般办法，先找最后一环即标志误差的色环，从而排定色环顺序。

第一办法是按颜色确定。最常用的表示电阻误差的颜色是：金、银、棕，尤其是金环和银环，一般绝少用作电阻色环的第一环，所以在电阻上只要有金环和银环，就可以基本认定这是色环电阻的最末一环。

第二个办法及最常用的办法是按色环间距确定最后一环。色环间距较宽的一环为最末一环。棕色环既常用作误差环，又常作为有效数字环，且常常在第一环和最末一环中同时出现，使人很难识别谁是第一环。在实践中，可以按照色环之间的间隔加以判别：比如对于一个五道色环的电阻而言，第五环和第四环之间的间隔比第一环和第二环之间的间隔要宽一些，据此可判定色环的排列顺序。

比如，一个色环电阻的顺序颜色为红—红—黑—黑—棕，打开"\Android+Arduino 交互设计环境支撑软件\常用辅助开发工具\电阻色环的识别.exe"，通过点击右上角的五色环标志，确定计算五色环电阻值，顺序点击选择颜色，计算结果如图 4-10 所示。

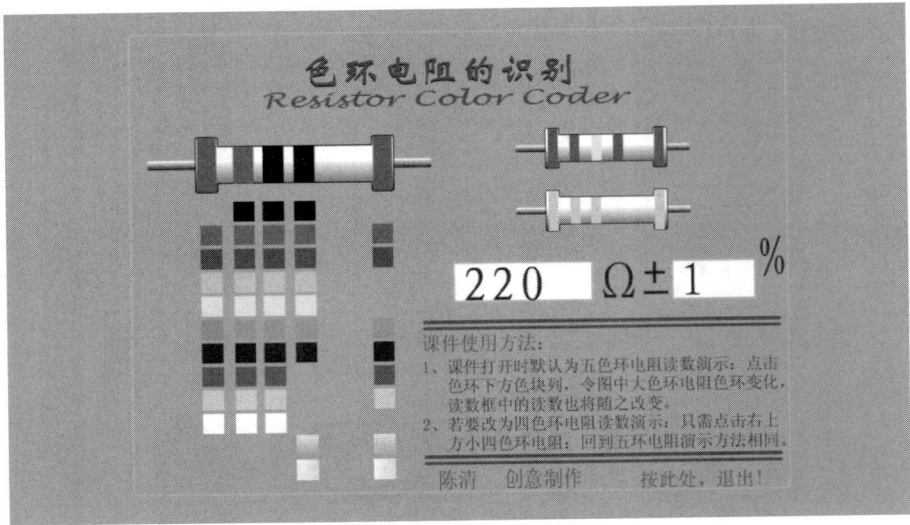

图 4-10　色环电阻自动计算

按照图 4-8 连接好电路后，就可以开始编写程序了。我们让 LED 小灯按照接收的信息不同(1 或 0)，点亮或熄灭。这个程序很简单，与 Arduino 自带的例程里的 Blink 相似，只是将 13 数字接口换做 10 数字接口，其他条件判断处理也是 C 语言编程的基本功而已。

参考程序如下：

程序实例 4-2　(\Android+Arduino 交互设计\程序\arduino 程序\PE4-2)

```
int ledPin = 12;                    //定义数字 12 接口
char val='n';                        //注意，字符串的表示方法为单引号，双引号就会出现编译有误
void setup()
{
    Serial.begin(9600);
    pinMode(ledPin, OUTPUT);     //定义小灯接口为输出接口
}
void loop()
{
    if(Serial.available()) {         //Arduino 串口(0pin,1pin)输出有变化
        val = Serial.read();         //读串口数据
    }

    if(val=='1'){
        digitalWrite(ledPin, HIGH);  //点亮小灯
    }
    if(val=='0'){
        digitalWrite(ledPin, LOW);   //熄灭小灯
    }
}
```

下载完程序就可以在串口监视器中输入 1 或 0，控制 12 口外接小灯的点亮或熄灭，这样我们的小灯实验就完成了。

4.3　Android 手机通过 Arduino 软串口接蓝牙点亮 LED 的设计

Android 手机使用蓝牙前需在手机设置中打开蓝牙设备，通过软件连接外部蓝牙模块前先在手机设置中对相应蓝牙模块配对才能使用，蓝牙模块默认配对密码为"1234"，具体操作结合项目练习进行。

蓝牙调试器操作

4.3.1　在手机上安装蓝牙串口助手

本实验是通过手机蓝牙连接 Arduino 蓝牙串口，在手机上发送信息，Arduino 接收到相应信息，点亮或熄灭 LED 灯的综合实验。在此实验之前，应首先在手机上安装能够启动手机蓝牙并通过手机蓝牙发送接收数据的软件，即手机蓝牙串口助手。

在安装手机蓝牙串口助手前，要打开手机的 USB 调试功能，通过选择"设置"|"开发人员选项"完成。可通过 USB 线连接计算机与手机安装蓝牙串口助手，也可通过互联网将蓝牙串口助手文件以附件形式发送到手机进行安装。本书已经准备好一种蓝牙串口 APP，即\Android+Arduino 交互设计\Android+Arduino 交互设计环境支撑软件\串口调试助手软件\lanyachuankouzhushou_105.apk。APK 文件安装方法大致有以下三种：

(1) 在计算机中下载好 APK 软件文件，然后使用数据线将手机与计算机连接，通过 360 手机助手(360 手机助手可在 360 安全卫士的软件管家中查找到)等软件的"文件管理"功能，将 APK 文件拷贝到手机 SD 卡中，再在手机文件管理器中找到 APK 文件，打开运行安装即可。

(2) 另外一种更方便的方法是在计算机中安装豌豆荚或者 91 助手，然后只需要将手机连接到计算机，下载对应的 APK 文件到手机中，直接安装该 APK 程序，打开手机 USB 调试模式，让豌豆荚或者 91 助手直接识别该程序，计算机便会自动连接上手机了。

(3) 最常用的方法：通过互联网将蓝牙串口助手文件以邮件附件的形式发送到手机接收后安装。

第一次连接蓝牙模块一定要先行配对。有的软件会自行要求配对密码，但有的软件却不能自行要求配对，此时就要自己先行进行配对：可在"设置"中打开蓝牙，搜索到可用的蓝牙名称，点击输入密码进行配对。

本书项目所需的蓝牙通信，都必须在手机第一次连接蓝牙时先行配对，只有列入配对队列中的蓝牙设备才能搜索连接上。

蓝牙配对的手机操作

4.3.2　Arduino 软串口接蓝牙点亮 LED 电路设计

Arduino 软串口接蓝牙点亮 LED 电路原理就是将图 4-4 和图 4-8 结合起来完成一个小的综合实验。其电路实现图可由同学们通过面包板绘图软件 Fritzing 自行实现。需要提醒的是蓝牙元件的查找方法：在有窗口的元件搜索(放大镜)右框中输入"Bluetooth"后按回车键，选择合适的蓝牙模块即可，如图 4-11 所示。

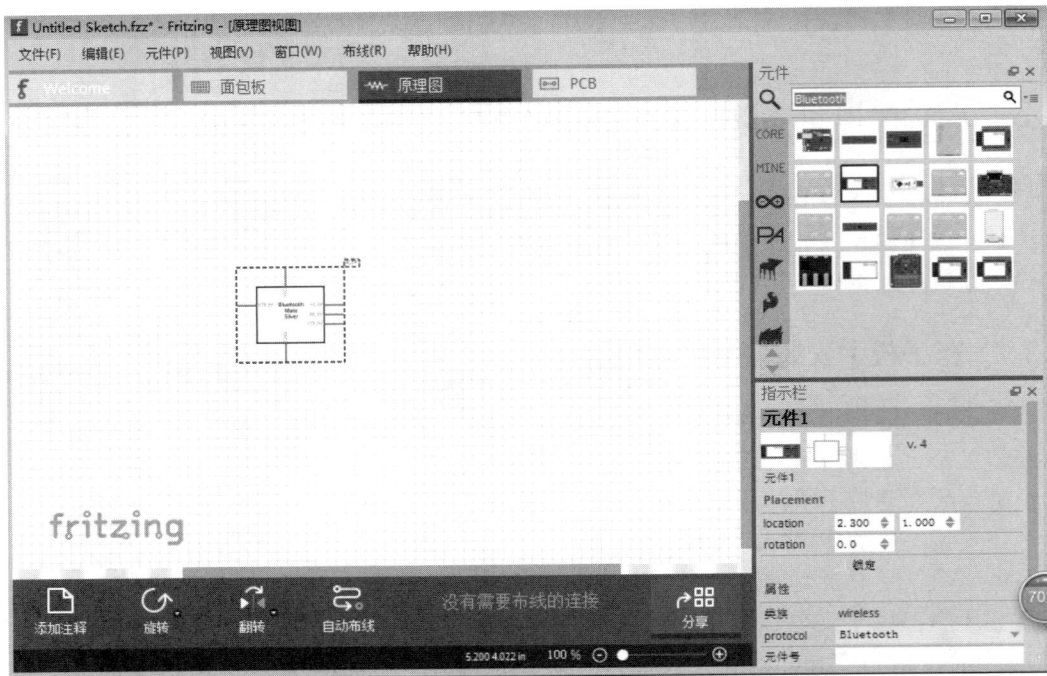

图 4-11　Fritzing 绘图蓝牙元件查找方法

请读者们结合图 4-4 和图 4-8 绘出 Arduino 软串口接蓝牙点亮 LED 实验的原理图和电路图。

4.3.3　Arduino 软串口接蓝牙点亮 LED 程序设计

程序实例 4-3　（\Android+Arduino 交互设计\程序\arduino 程序\PE4-3）

```
#include <SoftwareSerial.h>
SoftwareSerial BT(10, 11);      //设 10 针为 RXD，设 11 针为 TXD；定义软串口名为 BT
int ledPin = 12;                //定义数字 12 接口
char val='n';                   //注意，字符串的表示方法为单引号，双引号就会出现编译有误
void setup()
{
    Serial.begin(9600);         //注意此波特率要与蓝牙的波特率相同
    BT.begin(9600);
    //BT.print("1234");
    pinMode(ledPin, OUTPUT);    //定义小灯接口为输出接口
}
void loop()
{
    if(Serial.available()) {    //Arduino 串口(0pin,1pin)输出有变化
```

```
        val = Serial.read();              //读串口数据
    Serial.print("input:");               //将串口输入数据显示到输出
        Serial.println(val);
    }
    if(BT.available()) {                   //软串口 BT 输出有变化
        val = BT.read();                   //读软串口数据
        Serial.print(val);                 //将软串口数据写到串口上并可以在监视器上显示
    }
    if(val=='1'){
        digitalWrite(ledPin, HIGH);        //点亮小灯
    }
    if(val=='0'){
        digitalWrite(ledPin, LOW);         //熄灭小灯
    }
}
```

不难发现，该程序也是程序案例 4-1 和程序案例 4-2 的结合而已。事实上，所有复杂程序都是由简单程序复合而来的。

将程序烧写到 Arduino 后，在手机上启动蓝牙串口助手，输入 1 或 0 就可以控制面包板上的 LED 亮或灭。一开始，连接 Arduino 的蓝牙指示灯会一直在快速闪烁，此时，在手机上打开蓝牙串口助手软件，如图 4-12 所示。

图 4-12　手机蓝牙串口软件

连接并配对 HC-06，配对成功，指示灯长亮不闪烁，进入透明传输(透传)状态。第一次连接 HC-06 时会要求密码验证，PIN 码一般为"1234"或"0000"。

手机通过蓝牙串口助手操作，首界面如图 4-13 所示。

图 4-13　启动手机蓝牙串口助手的首界面

打开蓝牙开关，搜索周边的蓝牙设备，目前只有一个名称为"wangcd"的蓝牙设备，选择合适的蓝牙启动，进入蓝牙串口数据输入操作，界面如图 4-14 所示。

图 4-14　蓝牙串口数据操作

Android 蓝牙点亮
LED 灯效果

手机分别发送 1/0，控制 Arduino 连接的 LED 灯分别亮或灭。

4.4　课 后 习 题

除了利用 Arduino 来做创客平台外，还可以用什么来做创客平台？为什么？

项目 4　Android+Arduino 综合应用

附录 1　产品开发可行性分析报告

一、引言

目的	本报告适用于电动车管理平台，用于阐述其开发背景、意义及适用范围
背景	随着城市电动车爆发式增长，各城市电动车的偷盗率居高不下，公安希望有一种管控手段，使电动车在其生命周期内有严格的管控。传统的钢印法很容易被人篡改，公安无法做到实时管控。借助于 RFID 技术的快速发展及成本的不断降低，通过在电动车加装 RFID 射频卡(电子车牌)，在城市各主要路口安装读卡器，通过读卡器实时将过往电动车数据读取到平台，由平台负责收集，管控这些电动车数据，实现对电动车生命周期的严格管控，使无牌车辆无法上路，堵住了销赃的去路，极大地降低了电动车偷盗率
定义	RFID(射频识别)：一种无线通信技术，可以通过无线电信号识别特定目标并读写相关数据，而无需识别系统与特定目标之间建立机械或者光学接触，这里特指为 2.4GRFID 相关技术； 　　基站：此项目中采用超高频读卡器，可在数十米范围内读取 RFID 标签上的相关数据，具有读取速率快、多标签识读、防冲突能力强、防水型外观设计等优点； 　　Zigbee：一种自组网技术，在无线个人区域网内，通过多个 Zigbee 模块组网，可通过同一个网络出口接入平台，降低平台网络费用
参考资料	

二、对现有产品的分析

企业现有产品分析	公司无此产品
外部产品分析	目前有一些生产高频阅读器的厂家进行试点，由于经验不足，硬件考虑不足，导致运营两年后电子车牌电池失效，使得平台无法维继，也有一些厂家在电子车牌上做得很好，考虑较为周全。从平台角度分析，目前能够在市级范围推广的平台不多，主要还是平台基本功能具备，可以满足公安使用，但不便于推广运营，盈利点不多，使得平台的后续运维成为难点

三、对新产品的说明

新产品开发意义	通过在电动车上加装电子车牌以及在城市主要路口安装基站，或者通过手持式阅读器，使公安对电动车的管控有了电子手段，同时，通过平台的引导，使电动车从门店销售到转让或销毁，整个流程都可以有据可查，使犯罪分子对偷回的电动车无法销赃，极大地减少了电动车偷盗率。平台与保险公司合作，对外进行保单销售，使平台运营成为可能
需求分析	从终端来说，主要是在电池容量、寿命上进行加大，在电子车牌的功耗上，尽可能降低。 　　从链路上，使用了 Zigbee 技术，降低组网费用
影响	新产品对现有产品体系结构的影响；对软件系统的影响；对生产及设备的影响；对系统运维的影响；对开发过程及开发组织的影响；对经费开支的影响等
局限性	不适合温度小于 0℃的地方长期使用，如果在这种地方使用，则必须考虑从电动车上取电，提高电子车牌的发射功能

四、市场分析

分析市场发展历史与发展趋势	目前，该平台试点类型较多，还没有全国推广，鉴于每年电动车偷盗率居高不下，如果平台和前端能够稳定地运行，则公安和保险公司还是乐于使用的
新产品和同类产品的价格分析	目前电子车牌价格在 25～30 元区间，这个主要是靠量营利，因为一个城市电动车保有量至少是 10 万以上，平台及网络建设费用主要依赖于公安的出资，在保险分成上也可以成为营利点之一
统计当前市场的总额	约 5 亿
新产品消费特征分析	主要还是用于公安系统

五、技术和时间分析

技术条件方面的可行性	这几年，国内 RFID 应用发展迅速，找电子车牌生产商较为容易，但在电池寿命上和电子车牌功耗上需进行格外关注。组网上，Zigbee 技术已经成熟稳定；平台侧，需把业务流程进行扩展，多找营利点，使平台能够长期运营
时间分析	开发周期总的需要 4～5 个月，主要是电子车牌的寿命分析和低功耗模式对平台的影响
人力资源分析	产品经理 1 人，前端设计 1 人，Java 开发 2 人，C++开发 1 人，AS 开发 1 人，2 个测试人员
开发环境分析	

六、成本和收益分析

成本分析	开发人员：8 人，4 个月，30 万元 设备成本：3 万元
收益分析	包括一次性收益(如直接利润)、非一次性收益(如降低维护成本)以及不可定量的收益(如新产品对企业发展的影响)。 一次性收益：取决于销售

七、产品开发计划

开发环境分析	平台采用 Java 开发； 采集中间件采用 C++开发； 串口转以太网采用 C 开发； 手机端采用 AS2.0 开发
开发流程分析	说明开发新产品的步骤(包括委托开发流程)： 需求调研分析 概要设计 详细设计 编码 测试

<table>
<tr><td rowspan="6">里
程
碑
设
置</td><td>内容</td><td>相关人员</td><td>时间</td></tr>
<tr><td>电子车牌订制</td><td>外协</td><td>2016-7-10</td></tr>
<tr><td>Web 开发</td><td>章三，施六</td><td>2016-6-20</td></tr>
<tr><td>采集中间件</td><td>章三</td><td>2016-7-10</td></tr>
<tr><td>串口转以太网</td><td>王五</td><td>2016-7-10</td></tr>
<tr><td>手机客户端</td><td>黄三</td><td>2016-7-30</td></tr>
</table>

八、风险分析及应对措施

市场风险	
技术风险	
项目管理与组织实施风险	

九、效益评价与分析

经济效益分析	
社会效益评价	

十、结论

对整个可行性分析做一个结论性的小结

本开发可行性报告附带评审表有效。

附录 2　产品开发立项书

项目编号：

项目名称	电动车管理物联网平台	项目类别	平台类产品
项目经理	张三	申请日期	2016-4-23
项目起止时间		2016 年 4 月—2016 年 8 月	

一、简述产品主要规格：(详见产品定义)
二、简述市场和技术可行性分析(详见产品开发可行性报告)
三、简述总体设计方案(详见产品总体设计方案)
四、项目风险：   受制于读卡器的电池寿命

五、人员与项目进度安排：(详见计划进度表)
主要列出各阶段的开始和结束时间，主要工作的人员配置。

阶段	开发任务	开始时间	结束时间	预期时间（工作日）	责任人
阶段 1 开发	Oracal 数据库设计	2016.4.24	2016.5.4	10 天	张三
	管理网站页面及美工	2016.5.3	2016.5.25	22 天	李四，王五
	电动车销售点预登记手机 APP 界面	2016.5.3	2016.5.28	25 天	王五
	后台管理网站	2016.5.20	2016.6.20	30 天	赵六，侯七
	电动车销售点，登记，过户用手机 APP	2016.6.10	2016.7.10	30 天	拓跋
	服务器端采集服务程序开发	2016.6.1	2016.6.20	20 天	赵六
	串口过滤，网络转发单元程序编制	2016.5.20	2016.7.10	50 天	萧十一
	读卡器防水外壳，固定结构件设计	2016.6.15	2016.6.20	5 天	工程部安排
	读卡器调试	2016.7.1	2016.7.30	30 天	萧十一
	卡片样式定制	2016.7.1	2016.7.20	20 天	萧十一
	读卡器环境测试/卡片环境测试(高温，低温)	2016.7.15	2016.7.30	15 天	萧十一

阶段 2 测试	内部平台搭建，测试	2016.7.7	2016.7.31	24 天	阿大
	移动管理 PDA 程序界面	2016.7.1	2016.7.15	15 天	王五
	移动管理 PDA 程序编制	2016.7.7	2016.7.27	20 天	张三
	各程序迭代	2016.7.20	2016.8.10	20 天	相关人员
阶段 3 实际环境测试	城市测试环境搭建(10 个基站)	2016.8.1	2016.8.30	30 天	工程部安排
	各程序迭代	2016.8.1	2016.8.28	28 天	相关人员

六、费用预算：(列出费用的大致构成：人员、设施设备、外包费用等)

开发人数：8 人；

设备：1 台服务器，10 台串口转以太网，10 台 2.4G 读卡器，若干 RFID 卡；

费用：约 33 万元

技术总监：　　　　　　　　　　总经理：

附录 3　产品开发评审表

项目名称：电动车管理物联网平台	评审阶段：□ 输入评审　　□ 输出评审
评审内容：	评审结果：
1. ☑ 设计输入的充分性	OK
2. ☑ 设计输入的合理性	OK
3. ☑ 设计输入的可行性	OK
4. ☑ 设计输出文件的充分性	OK
5. ☑ 设计输出文件的合理性	OK
6. ☑ 产品实现的可行性/经济性	OK
7. □ 其他	无
备注：评审项目在□内打"√"。评审结果在其后表示：通过"OK"；建议或疑问"？"；不同意"×"	
评审文档： 评审内容： 存在问题及改进建议： 评审结论： 	
评审人员签名：	
备注：	
项目经理： 日期：	技术总监： 日期：

附录4 产品需求文档

密级：

SHARP WISDOM

杭州**科技有限公司

电动车管理物联网平台系统需求文档

（评审稿/发布稿）

起草部门： ___物联网事业部___

起草人： ___张三___

版　本： ___V1.0___

签　发： _____

签发日期：_2016_年_4_月_24_日

附表 4-1　修订记录表

日期	修订版本	修改描述	作者
2016/4/25	V1.0	创建文档	张三

1. 产品介绍

1) 产品说明

电动车管理方案是给每辆电动车配发一个内嵌 RFID 的电子车牌。把该车牌跟电动车拥有者进行关联，跟所属辖区派出所相关联。这样，每辆电动车经过基站时，信息会被采集到平台上。通过平台可查询其历史轨迹。

通过电子车牌的关联，使电动车的管理有据可依，在电动车的生命周期中，可做到流程管控容易、丢失查找方便等功能。

在运营上，与保险公司在平台上进行绑定。

2) 项目开发背景

电动车作为城市流动性载体之一，在城市的运转中起了很大的作用，但其管理一直是个难题，主要是电动车被盗窃案例非常之多。然而，电动车的价值也就几千元，如果动用大量人力物力去找，也不现实。通过物联网平台对电动车进行管理，可以很方便地找到电动车的运行轨迹，从而为电动车找寻提供了便捷的途径。另外，对于城市管理来说，可以通过大量地采集信息分析城市人口的分布密度、道路拥堵情况等。

2. 产品面向的用户群体

本产品的使用主要面向各市、县公安，电动车管理的受众群体则为一般人民群众。

3. 产品应当遵循的标准或规范

本产品包含一套标准的软件，符合国家财务标准，遵循《计算机软件保护条例》的各项规定。

本产品还包括组网技术应用，符合《电气装置安装工程施工及验收规范》G8J32—82，《国际综合布线标准》ISO/IEC11801。

读卡基站符合《电子设备雷击保护导则》GB7450—87，《电气装置安装工程施工及验收规范》GBJ232—82。

4. 产品范围

本产品适应于我国南方大部分城市，而如果在寒冷的北方，该产品则会出现不能正常工作的现象。

技术上要求：温度不小于 0℃。

5. 产品的功能性需求

功能类别	子功能	描　　述
系统管理	用户管理	对系统用户进行增加、修改、删除、查询等，用户密码采用特殊加密方式
	角色管理	对系统内的角色信息进行增加、修改、删除、查询等。每个机构下可以设置一个管理员用户，方便给该机构添加、删除、修改其下属用户及用户权限等
	用户权限	对用户分配具体的角色权限，一个用户可以对应多个角色
	参数维护	对系统内使用到的参数信息进行维护
	日志管理	查询系统日志，包括：操作日志、异常日志及警告日志
基站管理	基站设备信息	基站信息的增删改查
	基站维护信息	用于对基站的维护
电动车管理	车辆人员信息	登录车辆所有人信息
	车辆信息管理	录入电动车相关信息
	车辆保险信息	保险的增删改查
	车辆过户信息	用于电动车的过户
	车辆备案点信息	统计各备案点人员、电话、地址等信息
	车辆丢失信息	报案登记用
销售商信息	销售商信息	用于统计管理区域内电动车销售商信息，主要是方便电动车预登记
统计分析	基站地图显示	以地图的形式显示所有基站点，方便查看
	综合统计	用于统计平台上的所有基站设备，各派出所下属的基站、车辆、保险、销售商等信息

6. 产品的非功能性需求

(1) 软硬件环境需求。

需求名称	详 细 要 求
硬件要求	Intel@Xeon@ E5-2609 v3 1.9GHz、8G 内存、320G 硬盘、百兆带宽
数据库	Oracle10g+
系统平台	Windows Server 2008/2012
后台服务	EbikeManager.war(电动车管理系统)，Ecards.exe(电子车牌收集中间件)
Web 应用服务器	Tomcat
运行环境	Java SDK1.6
客户端	IE8 及以上

(2) 产品质量需求。

主要质量属性	详 细 要 求
正确性	业务错误不允许出现
健壮性	基站能承受 100 个电子车牌并发，平台需承受 10 000 条/秒的并发
可靠性	除电源、硬件、操作系统、服务器管理系统外程序不允许异常退出或崩溃
性能，效率	系统处理业务时间最迟时间小于等于 2 秒
易用性	不用安装，操作简便
清晰性	业务流程明确
安全性	用户信息保密，密码采用特殊加密，操作权限明确
可扩展性	可在当前需求基础之上进行功能上的扩展
兼容性	可运行在大多数主流的硬件环境中
可移植性	可运行在大多数主流的操作平台上
…	

(3) 其他需求。

附录5　产品管理立项书

项目名称	电动车管理物联网平台	项目编号	
项目类型	平台开发	申请人	张三
申请部门	产品中心	申请日期	2015-06-23
项目起止日期	2015/06/23—2016/02/01		
一、简述产品主要规格：	开发信息管理平台，将卡、电动车、电动车拥有者、派出所、保险公司等资源根据实际流程有效的结合在一起。 开发固定基站、移动基站，把前端 RFID 卡接入模块上传到管理平台服务器		
二、简述市场和技术可行性分析：	平台是以 RFID 为信息媒介的新型物联网的一种应用。随着 RFID 应用的不断扩大，其成本不断降低，使其推广更为大众所接受。另外，随着平安城市、智慧城市等国家战略层面的不断推进，也为本平台的使用提供了土壤		
三、简述总体设计方案：	分为三部分： (1) 平台的打造。采用 B/S 结构形式。将卡、电动车、电动车拥有者、派出所、保险公司等资源根据实际流程有效地结合在一起，涉及公安电动车上牌登记、保险公司接入等功能。 (2) CMS 开发。负责接收前端基站发回的消息，对消息进行保存、分发、报警处理等。 (3) 固定基站/移动基站开发。前端代理开发，把 RFID 读卡器内容经代理发送到 CMS，当 CMS 中断时，把数据临时保存起来，通信成功后，再批量上传		
四、人员与项目进度安排：	详见附表		
五、费用预算：	(1) 平台开发人员：5 人，25 万元； (2) RFID 读卡器开发：3 人，15 万元； (3) 样品费用、工具费用：50 000 元； (4) 测试费用：50 000 元		

附录6　产品开发计划书

一、项目名称

电动车管理物联网平台开发。

二、开发计划表

阶段	开发任务	开始时间	结束时间	预期时间(工作日)	责任人
阶段1 开发	Oracal 数据库设计	2015.8.10	2015.8.20	10 天	张三
	管理网站页面及美工	2015.8.12	2015.9.10	22 天	李四,王五
	电动车销售点预登记手机 APP 界面	2015.8.20	2015.9.15	25 天	王五
	后台管理网站	2015.9.1	2015.10.20	50 天	赵六,侯七
	电动车销售点,登记,过户用手机 APP	2015.9.1	2015.10.30	50 天	拓跋
	服务器端采集服务程序开发	2015.9.1	2015.10.20	50 天	赵六
	串口过滤,网络转发单元程序编制	2015.9.1	2015.10.20	50 天	萧十一
	读卡器防水外壳,固定结构件设计	2015.9.15	2015.10.20	35 天	工程部安排
	读卡器调试	2015.9.1	2015.9.30	30 天	萧十一
	卡片样式定制	2015.9.1	2015.10.20	50 天	萧十一
	读卡器环境测试/卡片环境测试(高温,低温)	2015.9.15	2015.10.30	40 天	萧十一
阶段2 测试	内部平台搭建,测试	2015.10.7	2015.10.31	24 天	阿大
	移动管理 PDA 程序界面	2015.8.20	2015.9.20	15 天	王五
	移动管理 PDA 程序编制	2015.10.7	2015.11.15	36 天	张三
	各程序迭代	2015.10.7	2015.10.31	24 天	相关人员
阶段3 实际环境测试	城市测试环境搭建(10 个基站)	2015.11.1	2015.12.30	60 天	工程部安排
	各程序迭代	2015.11.1	2015.2.28	90 天	相关人员

附录 7　电动车管理物联网平台说明书

名称	电动车管理物联网平台系统 Web 版
版本号	
浏览器	IE8、IE9
分辨率	
前置条件	存在用户，且有对应的操作权限，能连接互联网
状态	测试

目　　录

用户在浏览器(IE8 或 IE9)中输入正确的网站地址，即可进入登录界面，见附图 7-1。

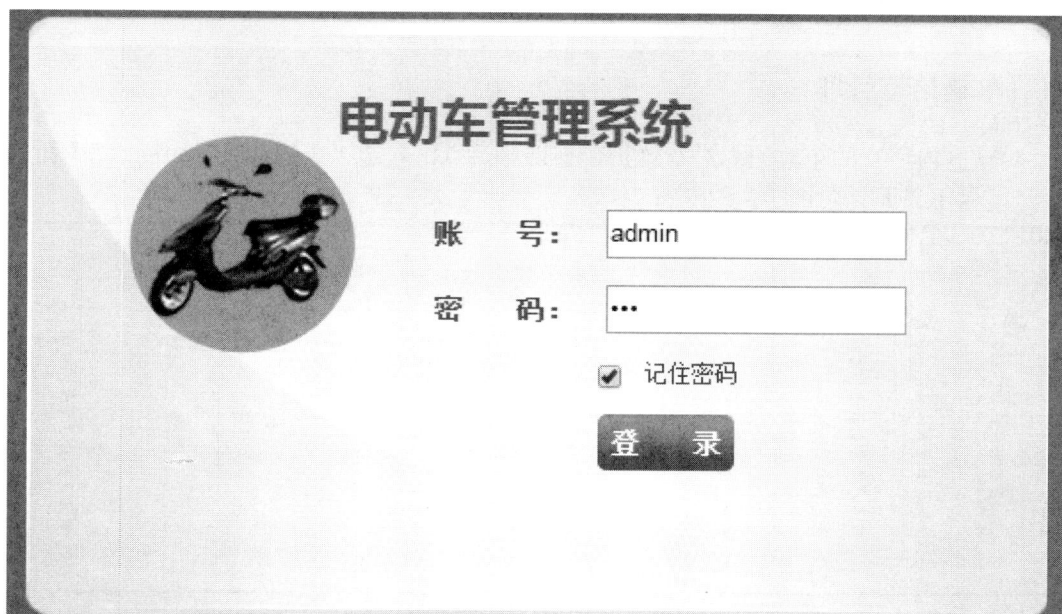

附图 7-1　登录界面

一、主界面

在登录界面中输入正确的账号和密码，点击"登录"按钮，即可进入主界面，见附图 7-2。

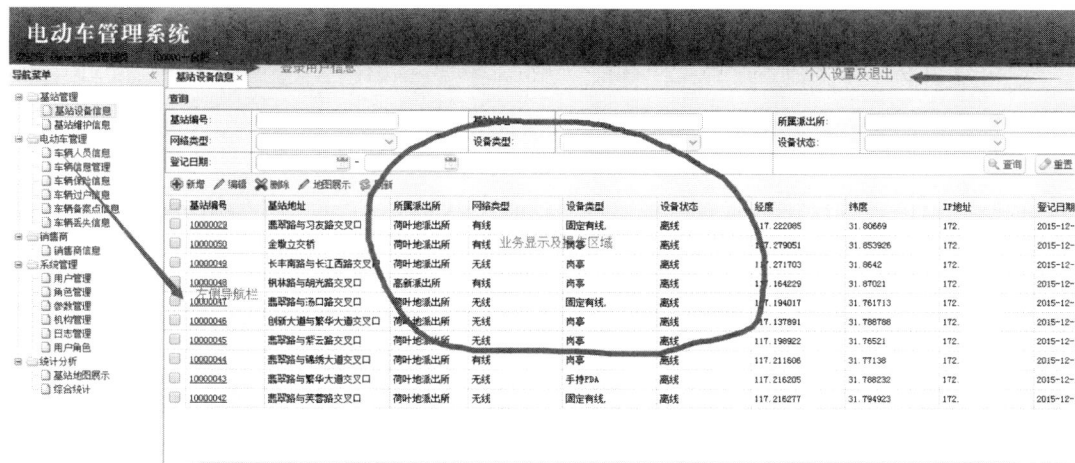

附图 7-2　主界面

主界面左边部分是导航菜单，中间部分是业务显示及操作区域，左上角是登录用户信息显示，右上角是个人设置及退出。目前，个人设置只提供修改密码的功能。

二、电动车管理

2.1 车辆信息管理

对辖区内所有的车辆信息进行维护、查询等，点击左边"导航菜单"中的"车辆信息管理"，显示界面见附图 7-3 和附图 7-4。

附图 7-3　车辆信息管理(已上牌车辆)

附图 7-4　车辆信息管理(未上牌车辆)

根据登录用户的权限对应显示："新增""删除""上牌""过户""刷新"按钮。例如，具有上牌员角色的备案点用户的"车辆信息管理"中仅有上牌权限，即只有"上牌"和"刷新"按钮，见附图 7-5。

附图 7-5　车辆信息管理

2.1.1　车辆信息管理-新增

点击"新增"按钮，弹出"车辆管理-新增"窗口，即可添加"车辆信息"及"车辆所属人信息"，见附图 7-6～附图 7-9。

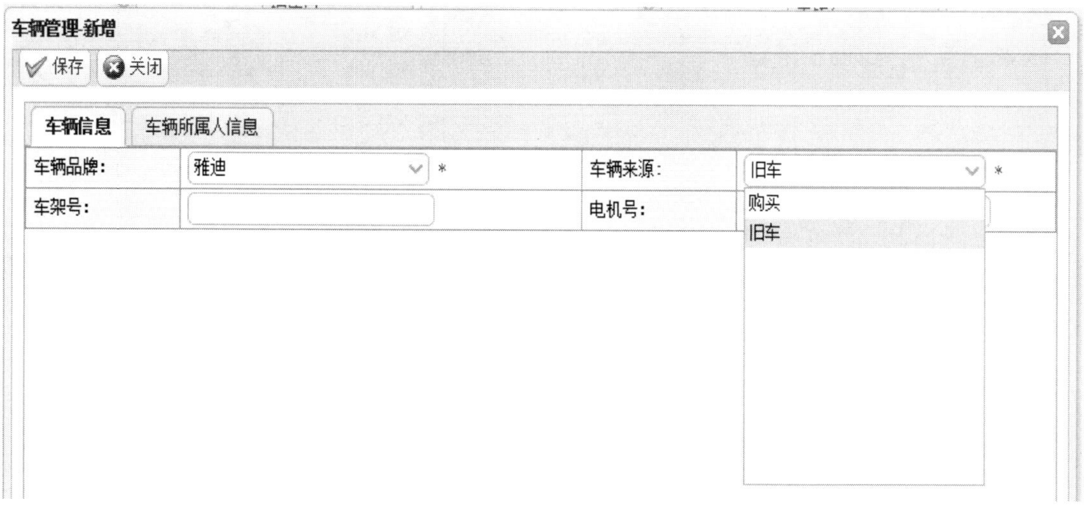

附图 7-6　车辆管理-新增-车辆信息

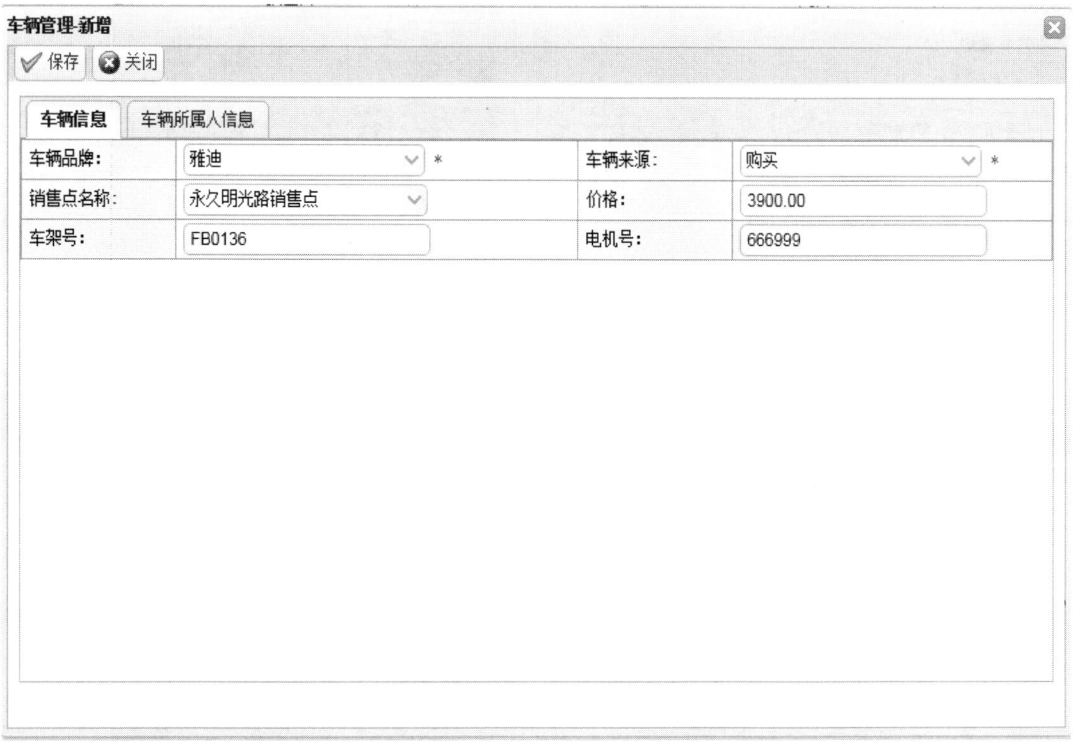

附图 7-7　车辆管理-新增-车辆信息(购买情况)

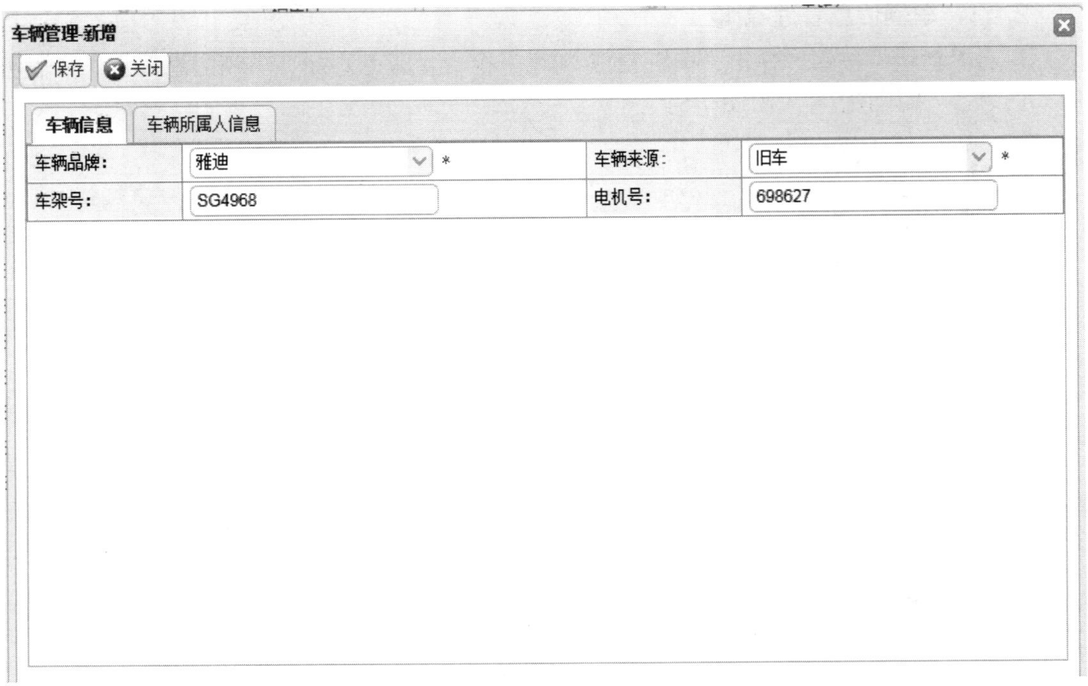

附图 7-8　车辆管理-新增-车辆信息(旧车情况)

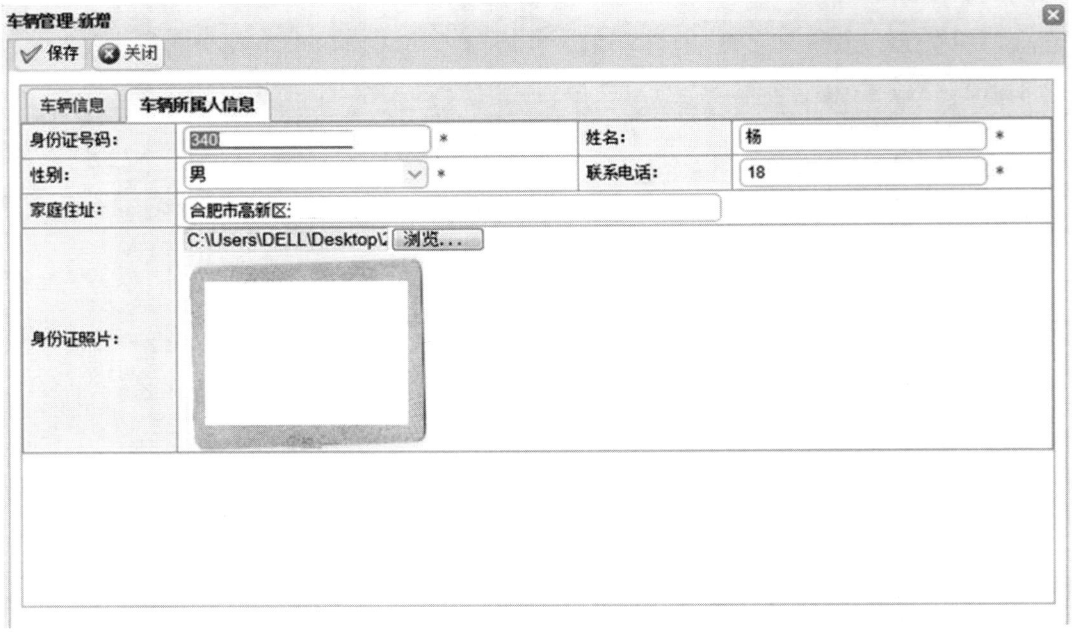

附图 7-9　车辆管理-新增-车辆所属人信息

2.1.2　车辆信息管理-上牌

注意：只有具有上牌员角色的备案点用户才具有上牌权限。

通过查询，在未上牌的车辆信息中找到需上牌的车辆，见附图 7-10。

附图 7-10　车辆信息管理(未上牌车辆)

选择车辆并点击"上牌"按钮，弹出"车辆管理-上牌"窗口，在"车辆信息"选项卡中填写车辆牌照、卡号等信息，在"车辆保险信息"选项卡中填写保单编号、保险金额等参保信息，见附图 7-11 和附图 7-12。

附图 7-11　车辆管理-上牌-车辆信息

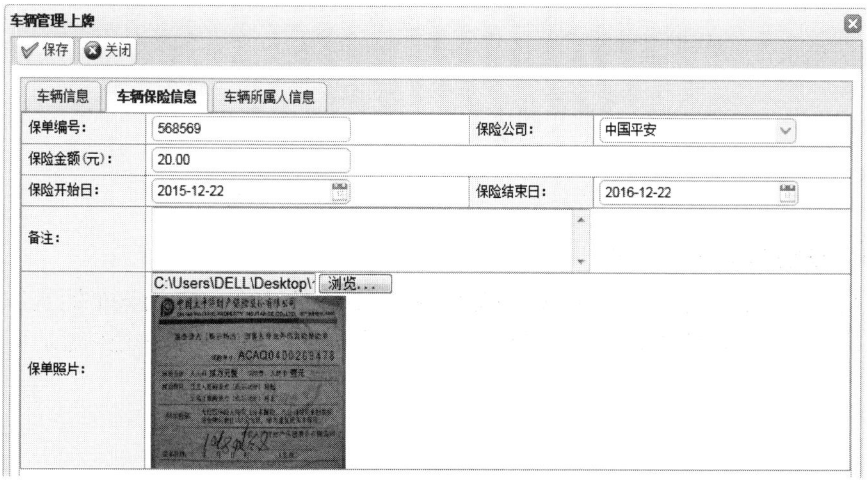

附图 7-12　车辆管理-上牌-车辆保险信息

2.1.3 车辆信息管理-过户

通过查询，在已上牌的车辆信息中找到需过户的车辆，见附图7-13。

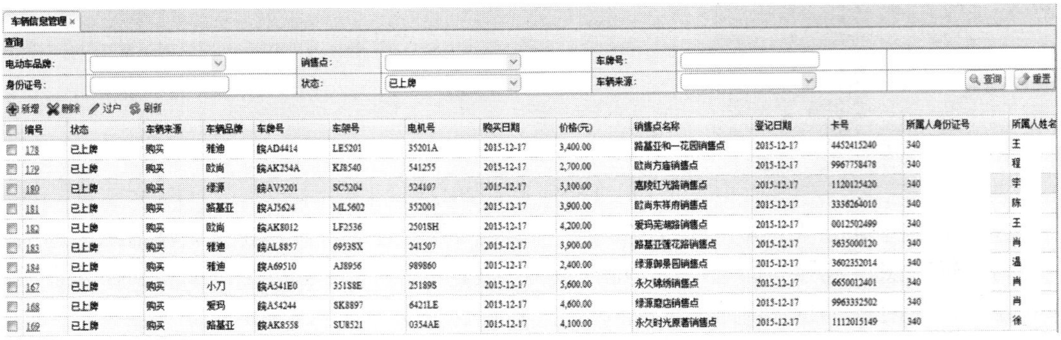

附图7-13　车辆信息管理(已上牌车辆)

选择车辆并点击"过户"按钮，弹出"车辆管理-过户"窗口，见附图7-14。

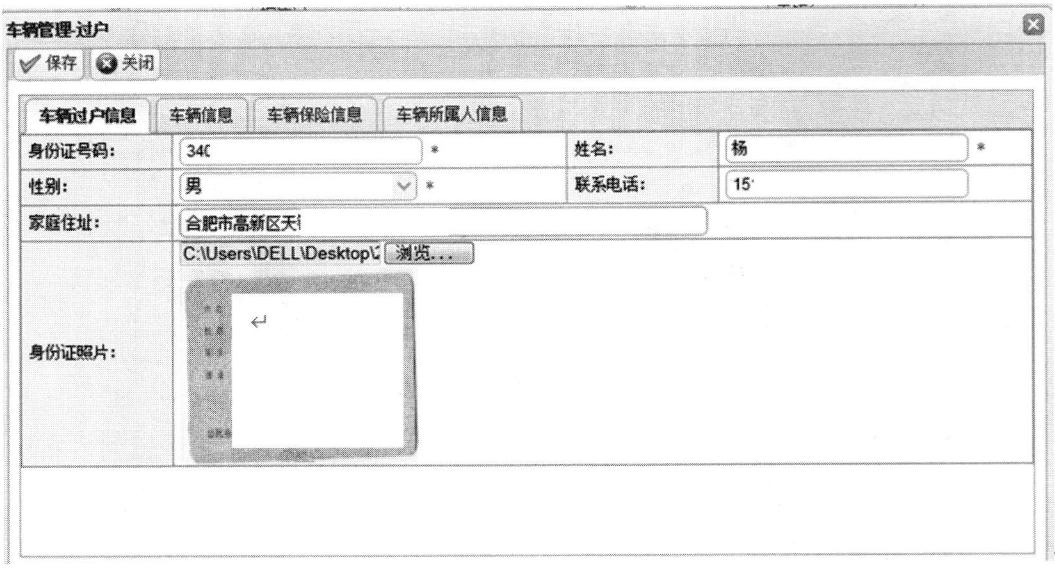

附图7-14　车辆管理-过户-车辆过户信息

2.1.4 车辆信息管理-查询

点击某个车辆信息前面的数字编号(见附图7-15中的178)，查询该车辆具体信息，包括车辆信息、车辆保险信息、车辆过户信息、车辆所属人信息和车辆轨迹信息，见附图7-16和附图7-17。

车辆信息管理 ×

查询

| 电动车品牌： | | 销售点： | |
| 身份证号： | | 状态： | 已上牌 |

➕ 新增　✖ 删除　✏ 过户　🔄 刷新

	编号	状态	车辆来源	车辆品牌	车牌号	车架号	电机号
☑	178	已上牌	购买	雅迪	皖AD4414	LE5201	35201A
☐	179	已上牌	购买	欧尚	皖AK254A	KJ8540	541255
☐	180	已上牌	购买	绿源	皖AV5201	SC5204	524107
☐	181	已上牌	购买	路基亚	皖AJ5624	ML5602	352001
☐	182	已上牌	购买	欧尚	皖AK8012	LF2536	2501SH
☐	183	已上牌	购买	雅迪	皖AL8857	6953SX	241507
☐	184	已上牌	购买	雅迪	皖A69510	AJ8956	989860
☐	167	已上牌	购买	小刀	皖A541E0	351S8E	25189S
☐	168	已上牌	购买	爱玛	皖A54244	SK8897	6421LE
☐	169	已上牌	购买	路基亚	皖AK8558	SU8521	0354AE

附图 7-15　车辆信息管理

车辆管理-查看　　　　　　　　　　　　　　　　　　　　　　　　　　 ✖

| 车辆信息 | 车辆保险信息 | 车辆过户信息 | 车辆所属人信息 | 车辆轨迹信息 |

车辆品牌：	雅迪	销售点名称：	路基亚和一花园销售点
车架号：	LE5201	电机号：	35201A
购买日期：	2015-12-17	价格（元）：	3,400.00
车辆牌照：	皖AD4414	卡号：	4452415240
车辆照片：		防盗装置安装图：	
上牌点：	芙蓉路上牌点	车辆来源：	购买
数据来源：	电脑		

附图 7-16　车辆管理-查看-车辆信息

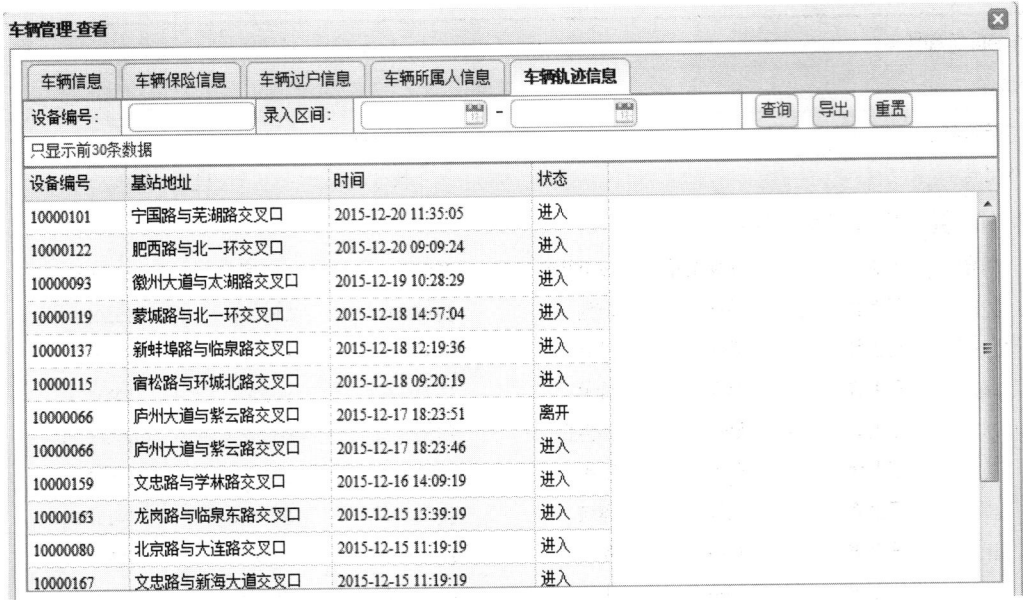

附图 7-17　车辆管理-查看-车辆轨迹信息

2.1.5　车辆信息管理-删除

通过查询找到要删除的车辆,选择车辆并点击"删除"按钮,即可删除该车辆信息。注意该删除功能只是逻辑上的删除,物理上并没有删除,即该车辆信息仍旧保存在数据库系统中,只是车辆信息的数据标识从"E(有效)"变为"(D)已删除"而已。

2.2　车辆人员信息

车辆人员信息是对车辆所属人的信息进行维护、查询等,具体操作是点击左侧"导航菜单"中的"车辆人员信息",见附图 7-18。

附图 7-18　车辆人员信息

2.2.1　车辆人员信息管理-新增

点击"新增"按钮弹出"车辆管理-新增-车辆所属人信息"窗口,见附图 7-19。

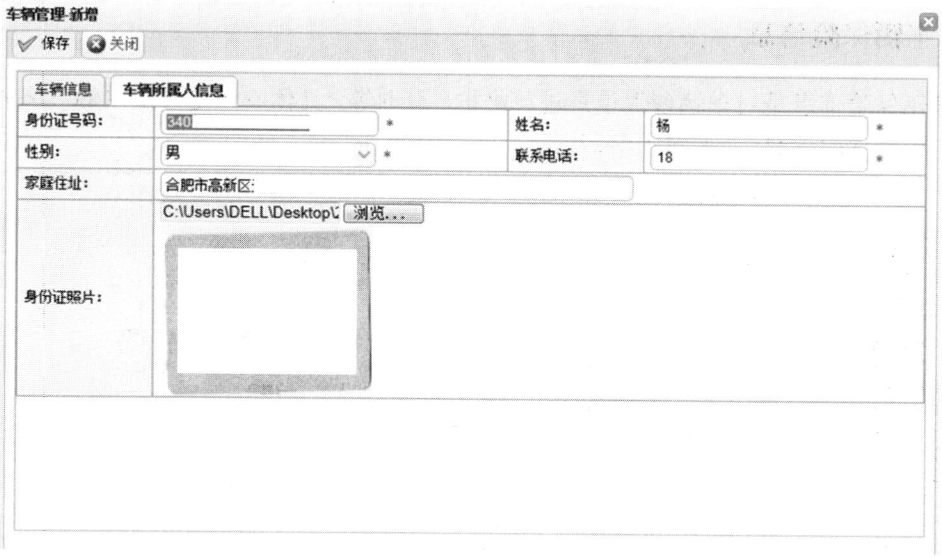

附图 7-19　车辆管理-新增-车辆所属人信息

2.2.2　车辆人员信息管理-编辑

通过查询找到需编辑的车辆人员信息，选择该信息并点击"编辑"按钮弹出"车辆人员管理-编辑"窗口，见附图 7-20。

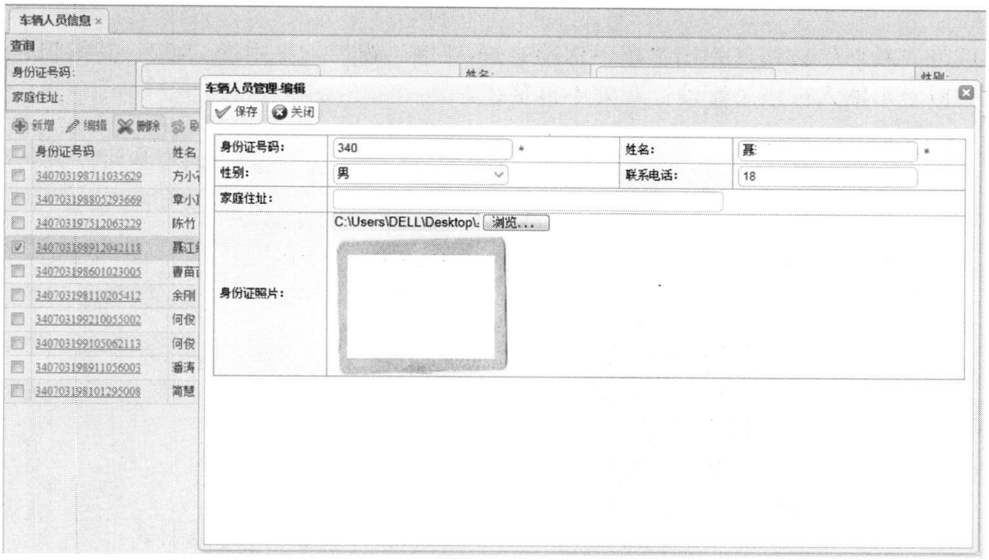

附图 7-20　车辆人员管理-编辑

2.2.3　车辆人员信息管理-删除

通过查询找到要删除的车辆人员信息，选择该信息并点击"删除"按钮，即可删除该车辆人员信息。注意该删除功能只是逻辑上的删除，物理上并没有删除，即该车辆人员信息仍旧保存在数据库系统中，只是车辆人员信息的数据标识从"E(有效)"变为"(D)已删除"而已。

2.3　车辆保险信息

车辆保险信息是对车辆参保信息进行维护、查询等，具体操作是点击左侧"导航菜单"中的"车辆保险信息"，见附图 7-21。

附图 7-21　车辆保险信息

点击"新增"按钮，弹出"车辆保险管理-新增"窗口，见附图 7-22。其编辑、删除管理类似于车辆人员信息管理，此处不再赘述。

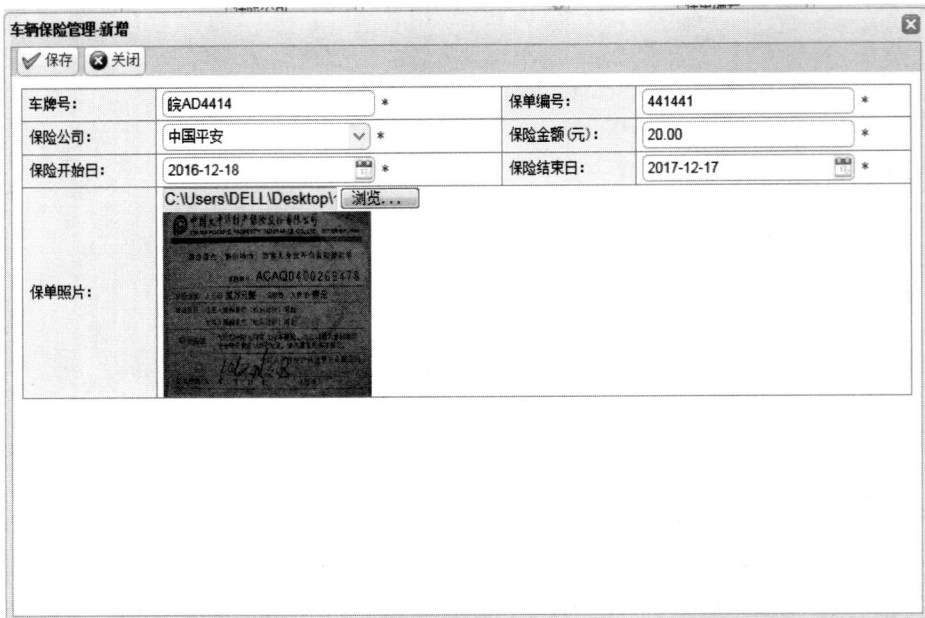

附图 7-22　车辆保险管理-新增

注意： 只能对系统中已上牌的车辆进行"车辆保险管理-新增"，见附图 7-23。

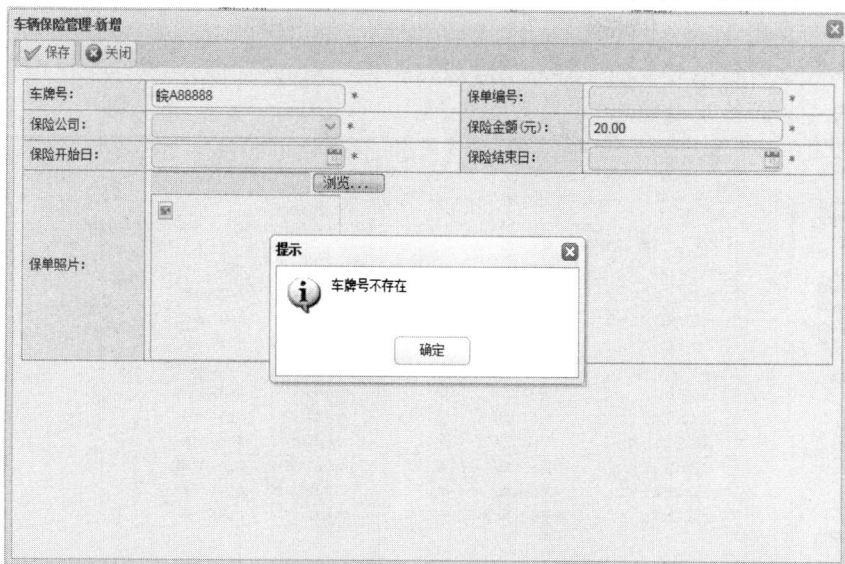

附图 7-23　车辆保险管理-新增

2.4　车辆过户信息

车辆过户信息是对车辆过户变更等信息进行维护、查询等，具体操作是点击左侧"导航菜单"中的"车辆过户信息"。

点击"新增"按钮，弹出"车辆过户信息-新增"窗口，见附图 7-24。其编辑、删除管理类似于车辆人员信息管理，此处不再赘述。

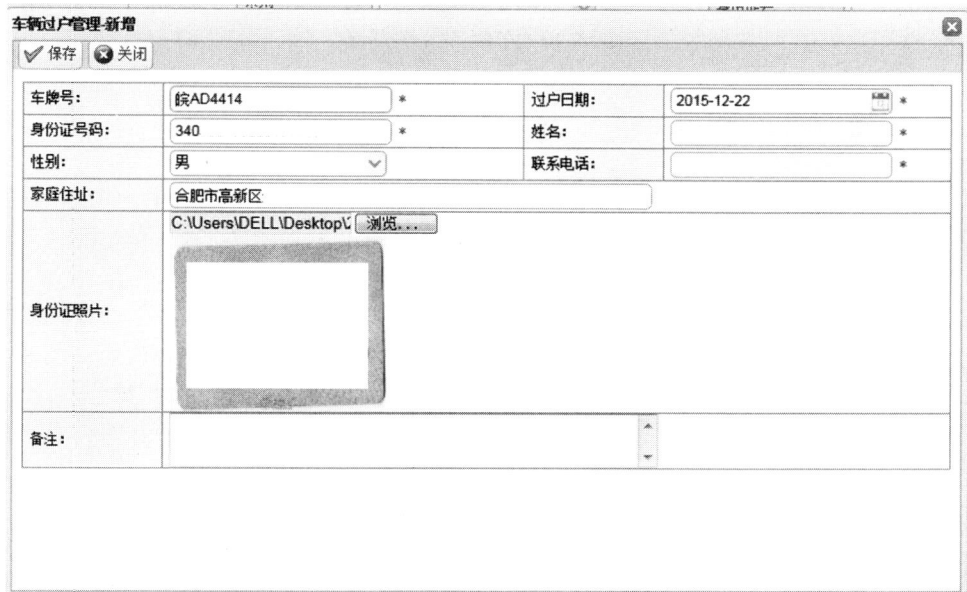

附图 7-24　车辆过户管理-新增

2.5　车辆备案点信息

车辆备案点信息是对车辆上牌点信息进行维护、查询等，具体操作是点击左侧"导航菜单"中的"车辆备案点信息"，见附图 7-25。

附图 7-25　车辆备案点信息

点击"新增"按钮，弹出"车辆备案点-新增"窗口，见附图 7-26。其编辑、删除管理类似于车辆人员信息管理，此处不再赘述。

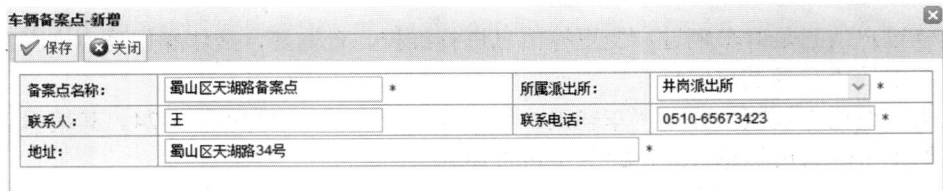

附图 7-26　车辆备案点-新增

三、销售商

销售商信息是对辖区内的电动车经销商信息进行维护、查询等，其中一个销售商只能隶属于一个派出所，而一个派出所可以管辖多个销售商，见附图 7-27。

附图 7-27　销售商信息

　　点击"新增"按钮，弹出"销售商信息管理-新增"窗口，见附图 7-28。其编辑、删除管理类似于车辆人员信息管理，此处不再赘述。

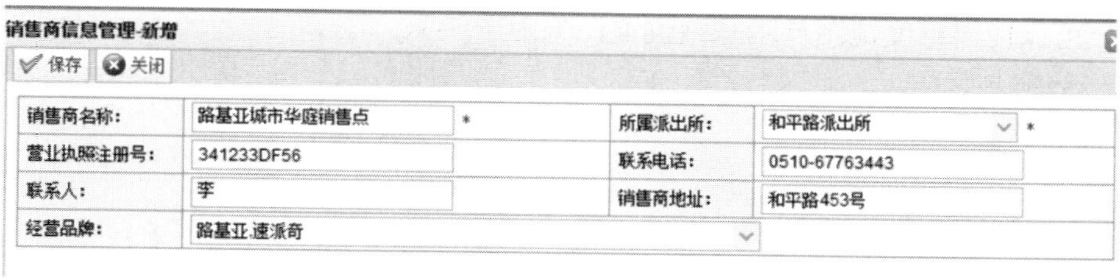

附图 7-28　销售商信息管理-新增

四、基站管理

　　基站管理主要是对基站设备信息进行维护、查询等，点击左侧"导航菜单"中的"基站设备信息"，见附图 7-29。

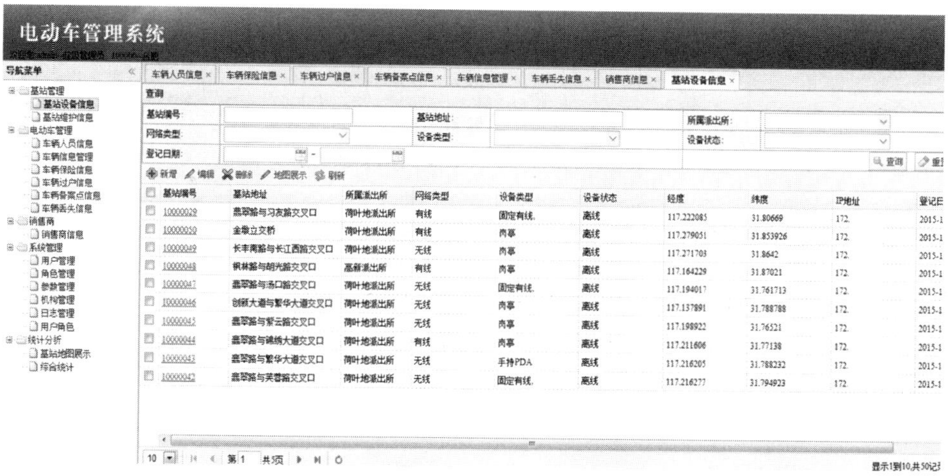

附图 7-29　基站设备信息

4.1　基站设备信息管理-新增、编辑、删除

　　点击"编辑"按钮，弹出"基站设备信息-编辑"窗口，见附图 7-30。其新增、删除管理类似于车辆人员信息管理，此处不再赘述。

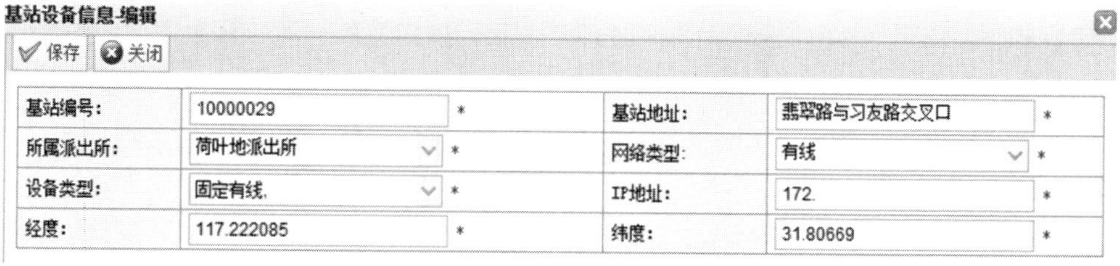

附图 7-30　基站设备信息-编辑

4.2　基站设备信息-地图展示

用户可以使用百度地图显示基站位置，见附图 7-31。

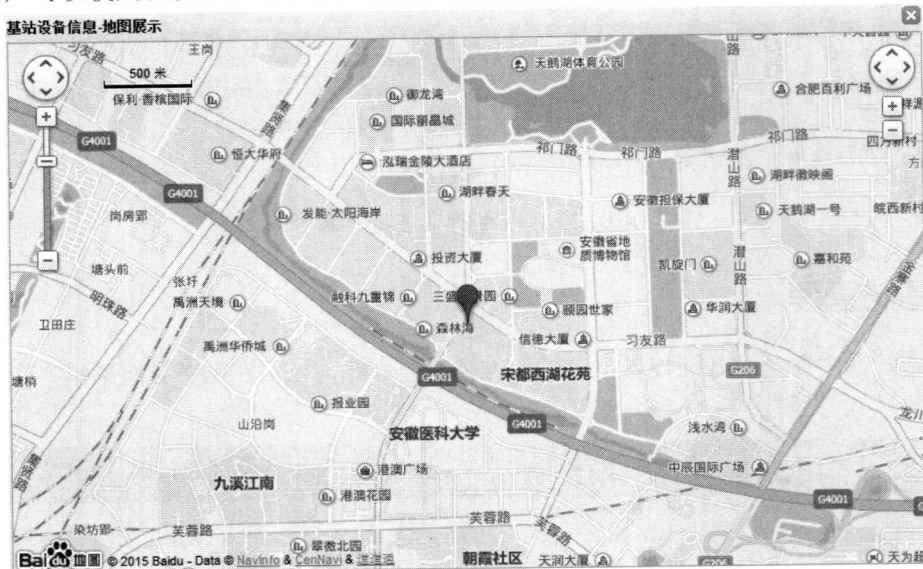

附图 7-31　基站设备信息-地图展示

4.3　基站设备信息-查看

查看某个具体基站设备信息，包含基本信息和车辆轨迹信息，其中车辆轨迹信息记录了所有已上牌的车辆进入和离开基站的时间等信息，见附图 7-32 和附图 7-33。

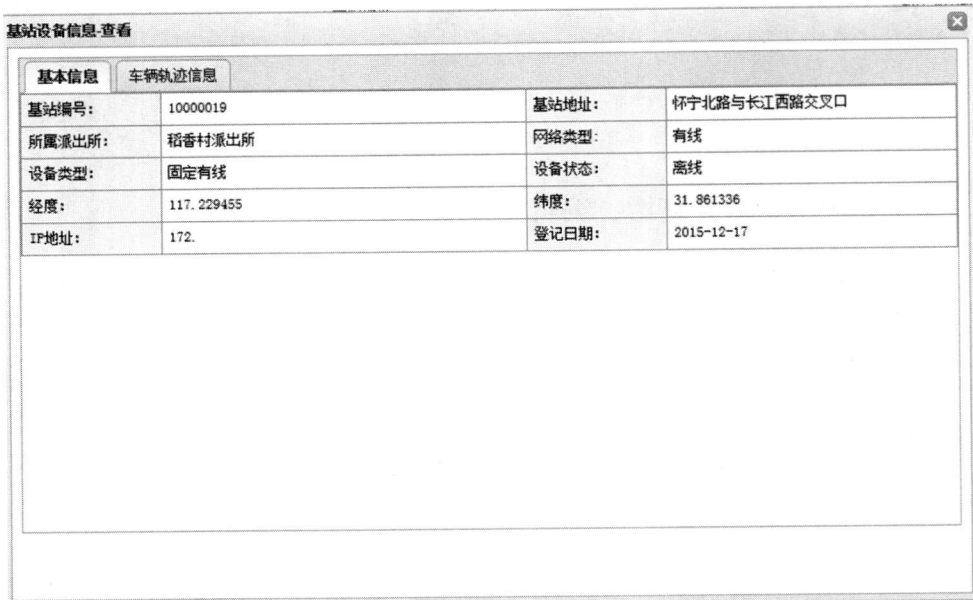

附图 7-32　基站设备信息-查看-基本信息

附图 7-33　基站设备信息-查看-车辆轨迹信息

五、统计分析

5.1　基站地图展示

对辖区内所有基站位置使用百度地图展示，点击左侧"导航菜单"中的"基站地图展示"，见附图 7-34。

附图 7-34　基站地图展示

5.2 综合统计

统计辖区内基站、车辆、销售商等数据，点击左侧"导航菜单"中的"综合统计"，见附图 7-35。

导航菜单　《　　销售商信息 ×　基站设备信息 ×　综合统计 ×

✎ 导出　🔄 刷新

派出所	基站							车辆				保险			销售商
	有线	无线	岗亭	固定有线	手持PDA	基站总数	离线	已上牌	新车未上牌	登记总数	被盗车辆	已上保险	未上保险	个数	销售车辆
合计:	85	89	67	57	50	174	174	123	46	169	2	122	1	76	159
合肥	0	0	0	0	0	0	0	2	10	12	0	1	1	0	0
蜀山	0	0	0	0	0	0	0	0	0	0	0	0	0	0	0
井岗派出所	15	1	7	8	2	16	16	0	0	0	0	0	0	2	0
荷叶地派出所	5	1	7	5	3	12	12	0	0	0	0	0	0	2	0
琥珀山庄派出所	0	1	0	0	0	0	0	0	0	0	0	0	0	0	0
五里墩派出所	1	1	1	0	0	0	0	0	0	0	0	0	0	0	0
南七派出所	2	1	4	1	5	14	14	14	4	18	0	14	0	2	1
西园新村派出所	2	4	3	1	1	5	5	0	0	0	0	0	0	2	1
稻香村派出所	1	1	1	0	0	15	4	19	0	15	0	15	0	2	0
三里庵派出所	1	1	1	0	0	0	0	0	0	0	0	0	0	0	0
瑶海	0	0	0	0	0	0	0	0	0	0	0	0	0	0	0
胜利路派出所	2	0	0	2	0	0	0	0	0	0	0	0	0	2	0
大通路派出所	3	0	3	0	0	0	0	0	0	0	0	0	0	2	1
城东派出所	3	1	2	1	5	0	0	0	0	0	0	0	0	2	0

附图 7-35　综合统计

六、系统管理

6.1 机构管理

统计辖区内所有机构的信息(如合肥庐阳区下设逍遥津、益民、安庆路、杏林四个派出所)，点击左侧"导航菜单"中的"机构管理"，见附图 7-36。

导航菜单　《　　机构管理 ×

机构　　《　　机构详情

机构编号:		机构名称:	
机构代码:		上级机构:	
联系人:		联系电话:	

机构树：
- 合肥
  - 瑶海
    - 三里街派出所
    - 和平路派出所
    - 东七里派出所
    - 明光路派出所
    - 红光派出所
    - 车站派出所
    - 磨店派出所
    - 胜利路派出所
    - 大通路派出所
    - 城东派出所
    - 大兴派出所
    - 花冲派出所
    - 长淮派出所
  - 蜀山
    - 南七派出所
    - 琥珀山庄派出所
    - 五里墩派出所
    - 西园新村派出所
    - 稻香村派出所
    - 三里庵派出所
    - 井岗派出所
    - 荷叶地派出所
  - 庐阳
    - 逍遥津派出所
    - 益民派出所
    - 安庆路派出所
    - 杏林派出所
  - 包河
    - 芜湖路派出所

附图 7-36　机构管理

在"机构"中点击需查看的机构名称，在"机构详情"中对应显示该机构的机构编号、机构名称、上级机构等信息，见附图 7-37。

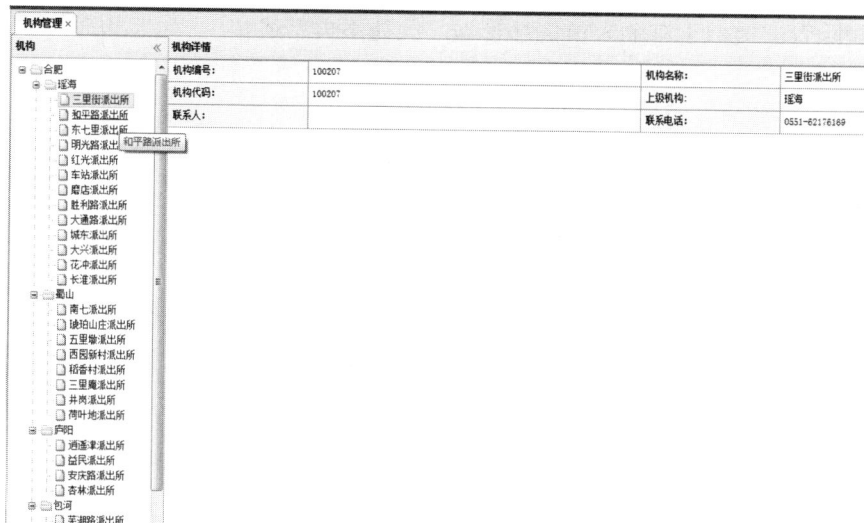

附图 7-37　机构管理-机构详情

6.2　角色管理

对辖区内所有机构进行角色维护、查询等(一般情况下，包河、庐阳等区级机构只有管理员一种角色，而所有的派出所都可有管理员和上牌员两种角色)，点击左侧"导航菜单"中的"角色管理"，见附图 7-38。

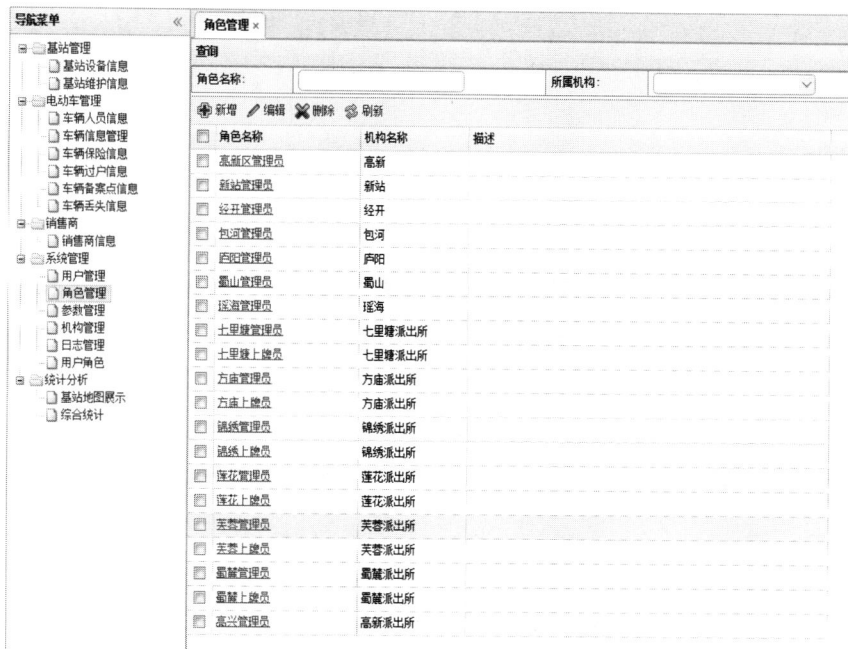

附图 7-38　角色管理

　　一般情况下，管理员角色具有除上牌和参数管理外的所有权限，而上牌员角色只具有上牌权限。点击"新增"按钮，弹出"角色管理-新增"窗口，见附图 7-39 和附图 7-40。其编辑、删除管理类似于车辆人员信息管理，此处不再赘述。

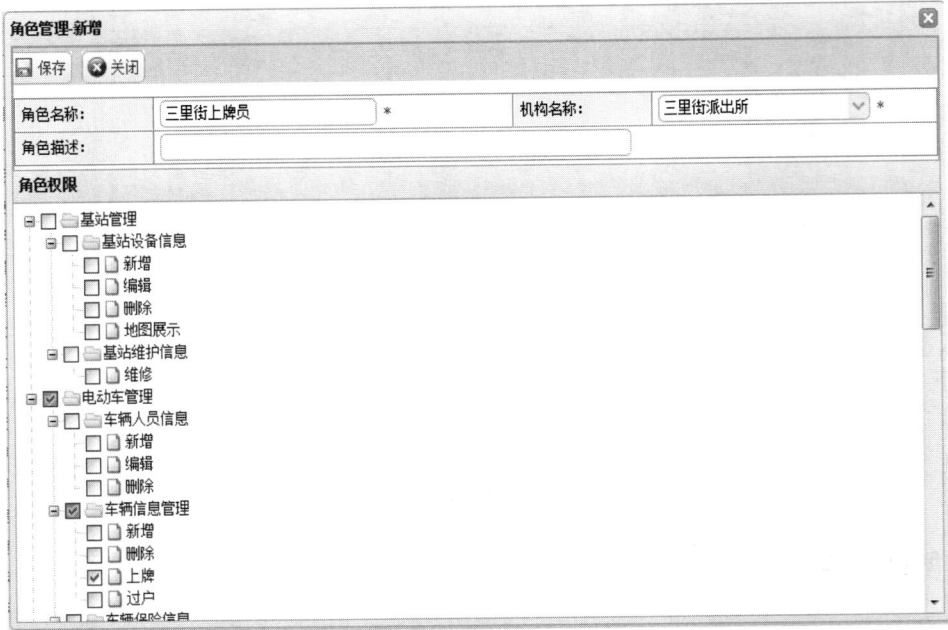

附图 7-39　角色管理-新增(上牌员角色)

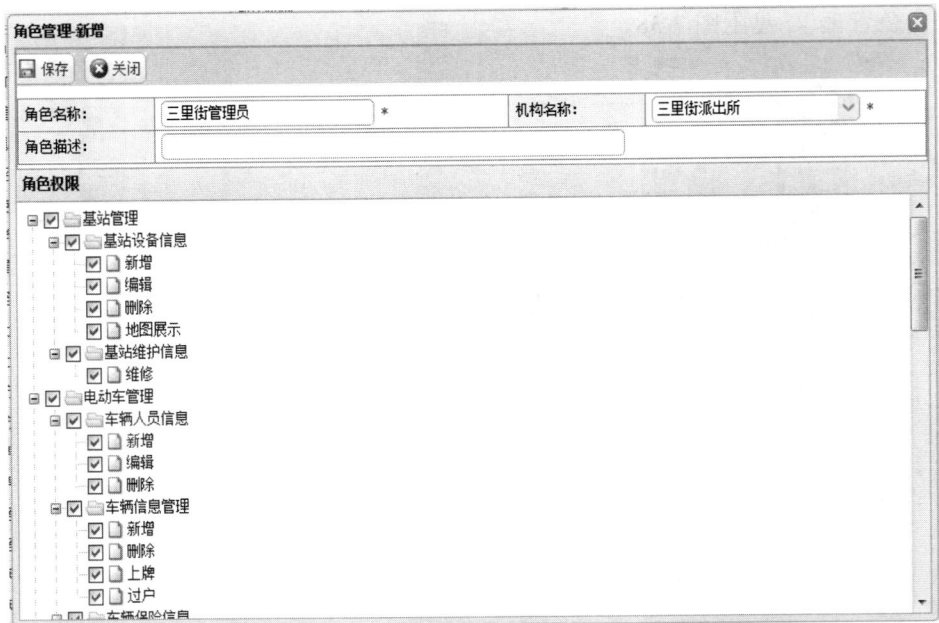

附图 7-40　角色管理-新增(管理员角色)

6.3　用户管理

对辖区内所有的用户信息进行维护、查询等，点击左侧"导航菜单"中的"用户管理"，见附图 7-41。

附图 7-41　用户管理

用户类型包括公安用户、备案点用户和销售商用户三种，见附图 7-42。

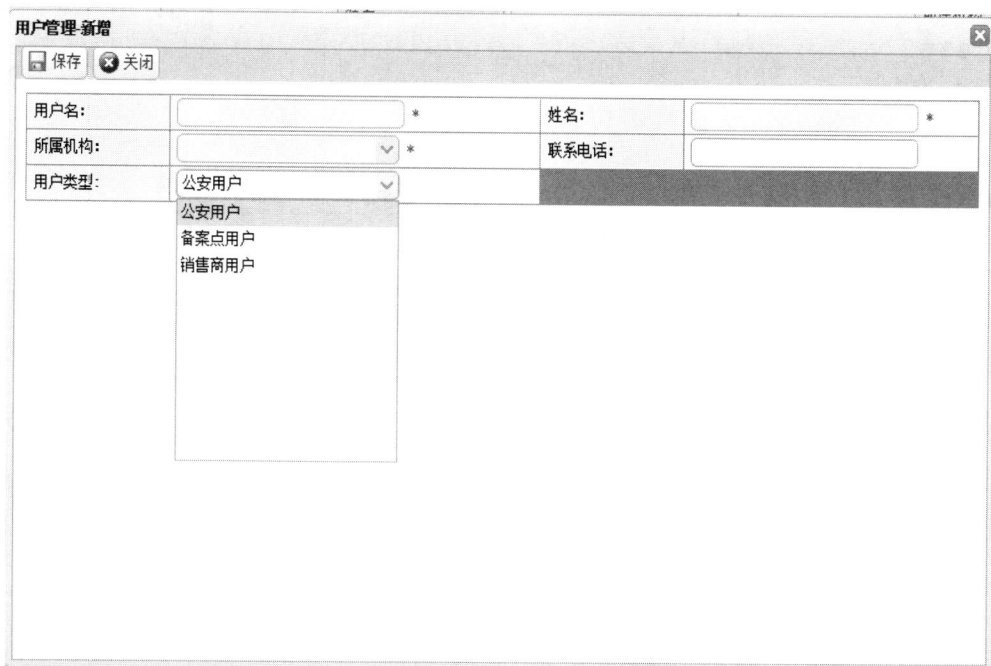

附图 7-42　用户类型

　　一般情况下，包河、庐阳等区级机构只管辖公安用户，而派出所可管辖公安用户、备案点用户和销售商用户。点击"新增"按钮，弹出"用户管理-新增"窗口，见附图7-43～附图7-45。其编辑、删除管理类似于车辆人员信息，此处不再赘述。

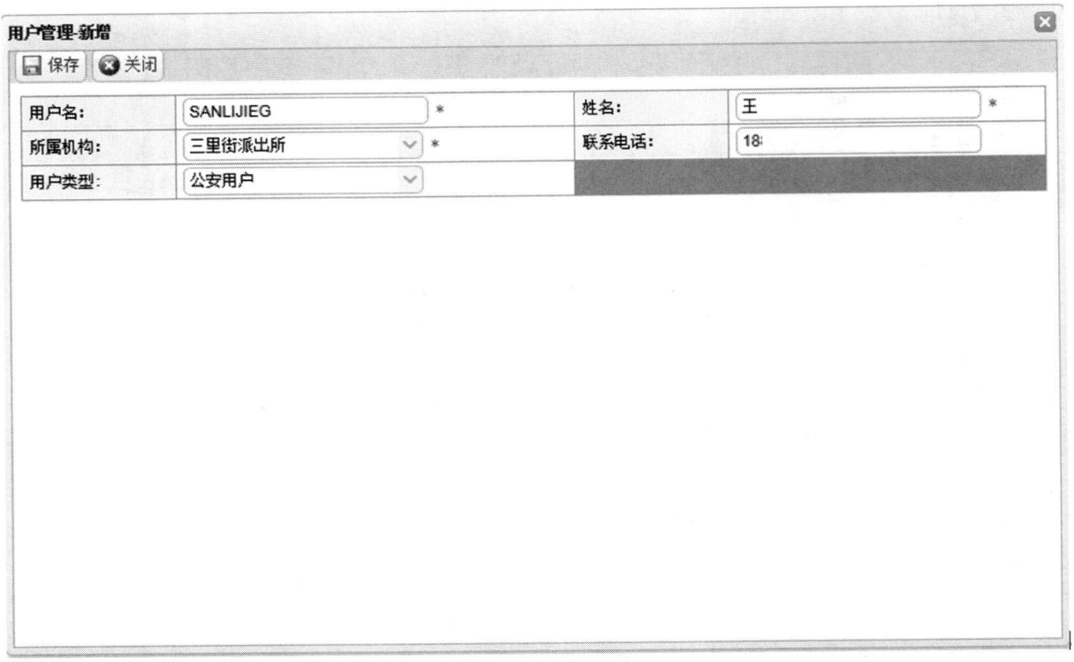

附图 7-43　用户管理-新增(公安用户)

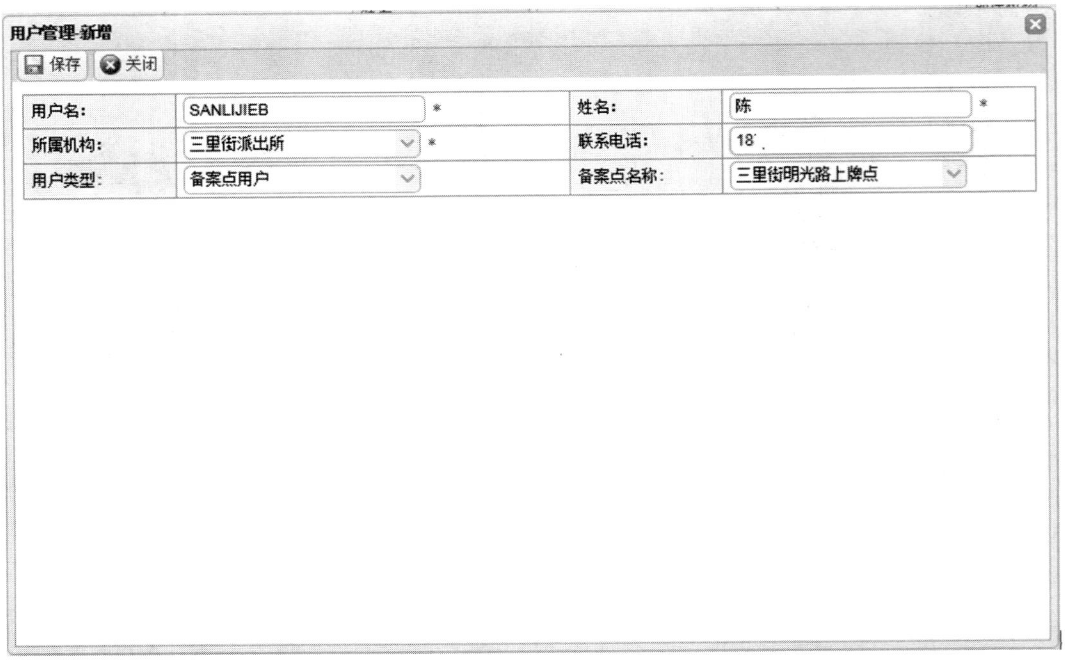

附图 7-44　用户管理-新增(备案点用户)

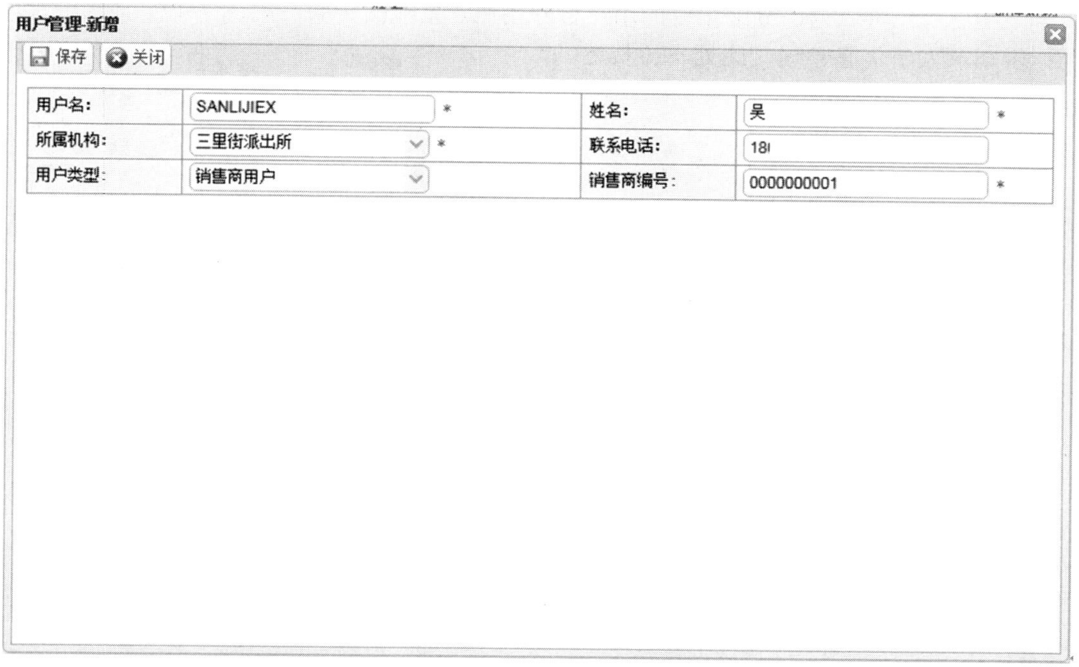

附图 7-45　用户管理-新增(销售商用户)

6.4　用户角色

对辖区内的用户角色进行维护、查询等，点击左侧"导航菜单"中的"用户角色"，见附图 7-46。

附图 7-46　用户角色

一般情况下，为公安用户分配管理员角色，为备案点用户分配上牌员角色。选择用户并点击"分配角色"按钮，弹出"用户管理-分配角色"窗口，不但可以为未分配角色的用户分配角色，也可以为已分配角色的用户移除角色，见附图 7-47～附图 7-49。其删除管理类似于车辆人员信息管理，此处不再赘述。

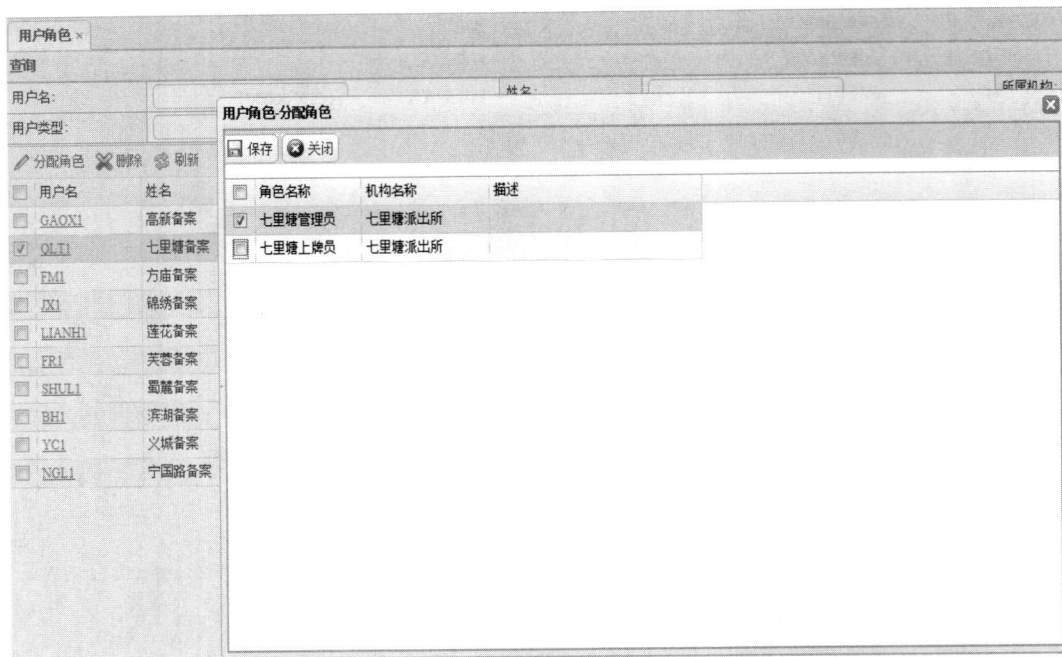

附图 7-47　用户角色-分配角色(派出所管辖下公安用户)

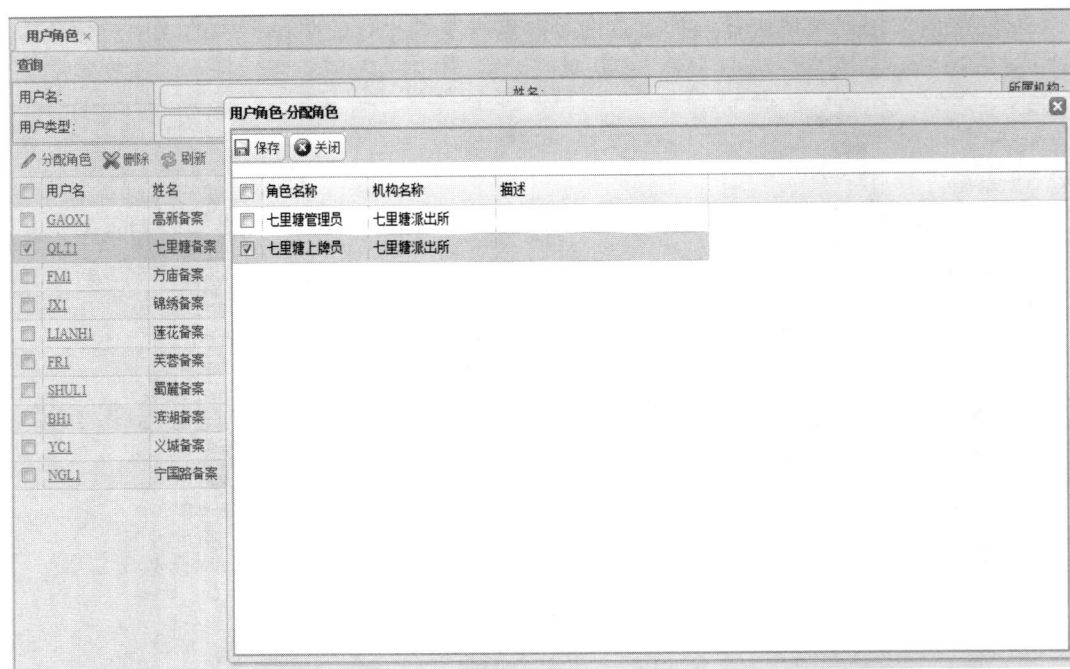

附图 7-48　用户角色-分配角色(派出所管辖下备案点用户)

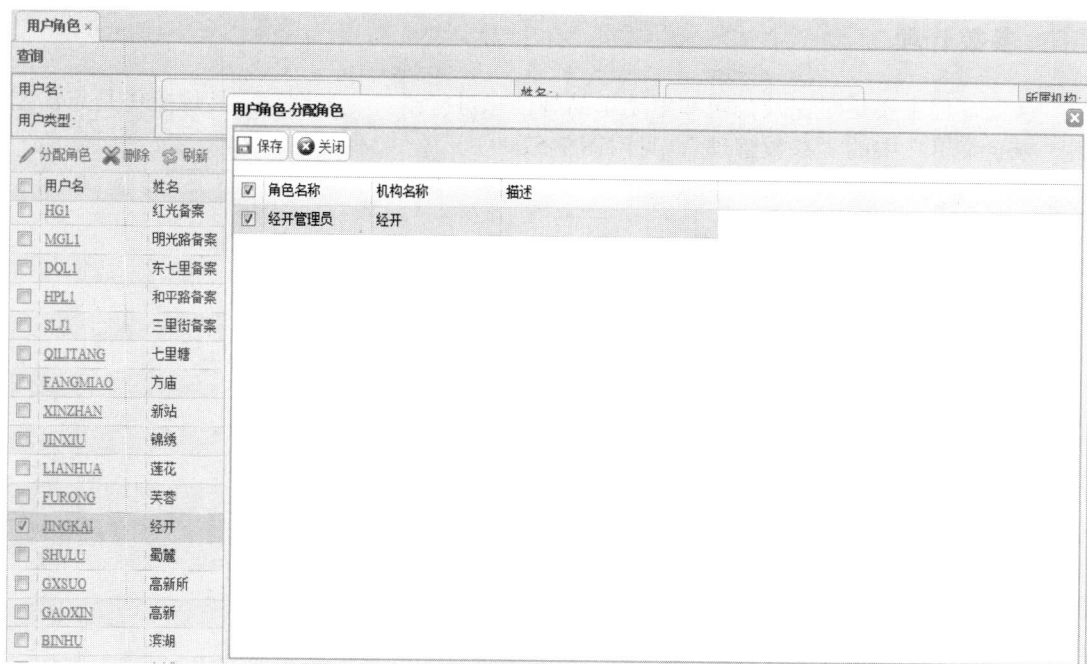

附图 7-49　用户角色-分配角色(区级机构管辖下公安用户)

　　一般情况下，只为一个用户分配一种角色。一旦某用户被分配了角色，该用户即具有该角色对应权限的所有权限；一旦某用户被移除了角色，该用户即丧失了该角色对应权限的所有权限。

6.5　日志管理

　　日志管理是对用户操作的类型、时间、内容等信息进行记录和显示，具体操作是点击左侧"导航菜单"中的"日志管理"，见附图 7-50。

附图 7-50　日志管理

　　日志管理记录并显示用户的操作类型、操作人 ID、操作人名称、操作人 IP、操作模块、操作时间和操作内容。通过日志类型、操作人 ID 等条件查询找到需查看的日志，可以一目了然获取用户操作的模块、内容等信息。

6.6　参数管理

　　参数管理主要是对保险公司和电动车品牌信息进行维护、查询等，具体操作是点击左侧"导航菜单"中的"参数管理"，见附图 7-51。

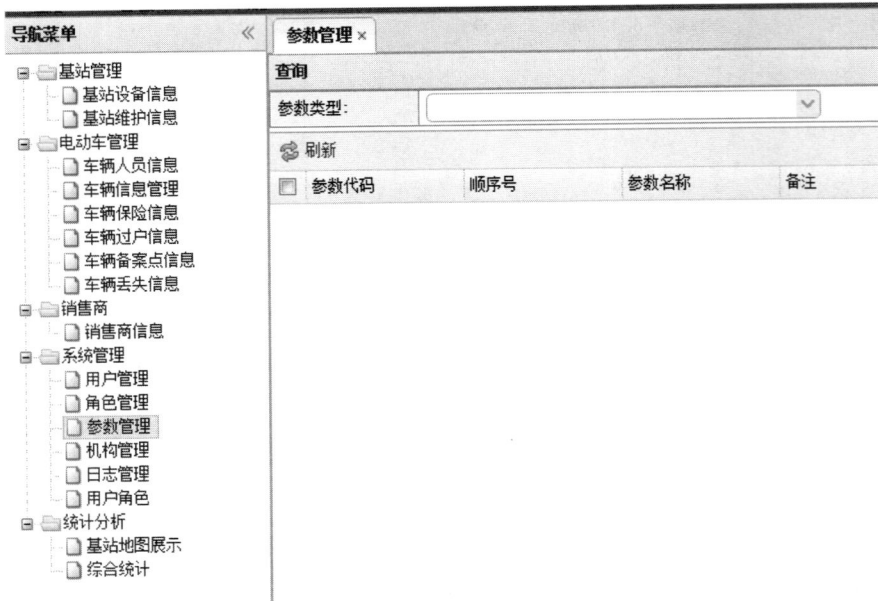

附图 7-51　参数管理

6.6.1　参数管理-参数类型

目前，参数主要分为保险公司和电动车品牌两种类型，见附图 7-52 和附图 7-53。

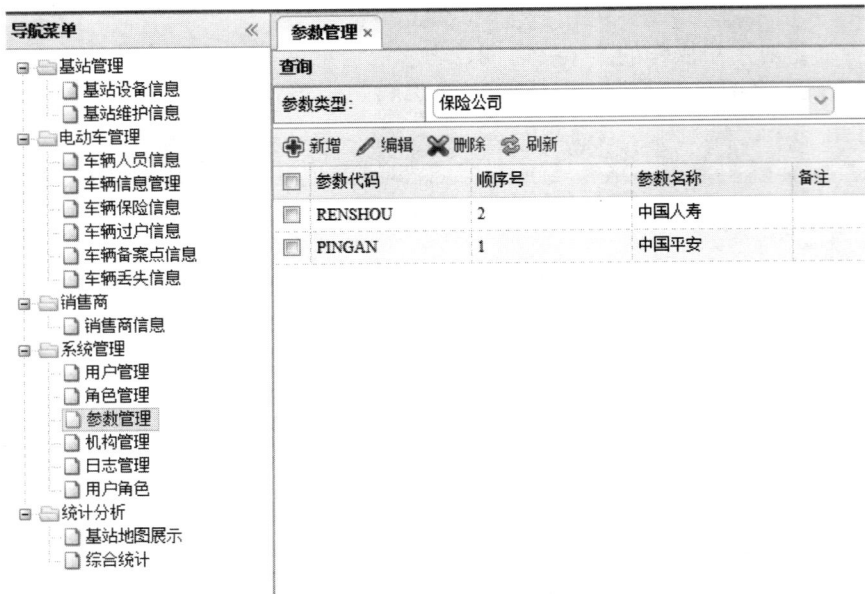

附图 7-52　参数管理-参数类型(保险公司)

附图 7-53　参数管理-参数类型(电动车品牌)

6.6.2　参数管理-新增、编辑、删除

选择好参数类型再点击"新增"按钮，弹出"参数管理-新增"窗口，见附图 7-54 和附图 7-55。其编辑、删除管理类似于车辆人员信息管理，此处不再赘述。

附图 7-54　参数管理-新增(保险公司)

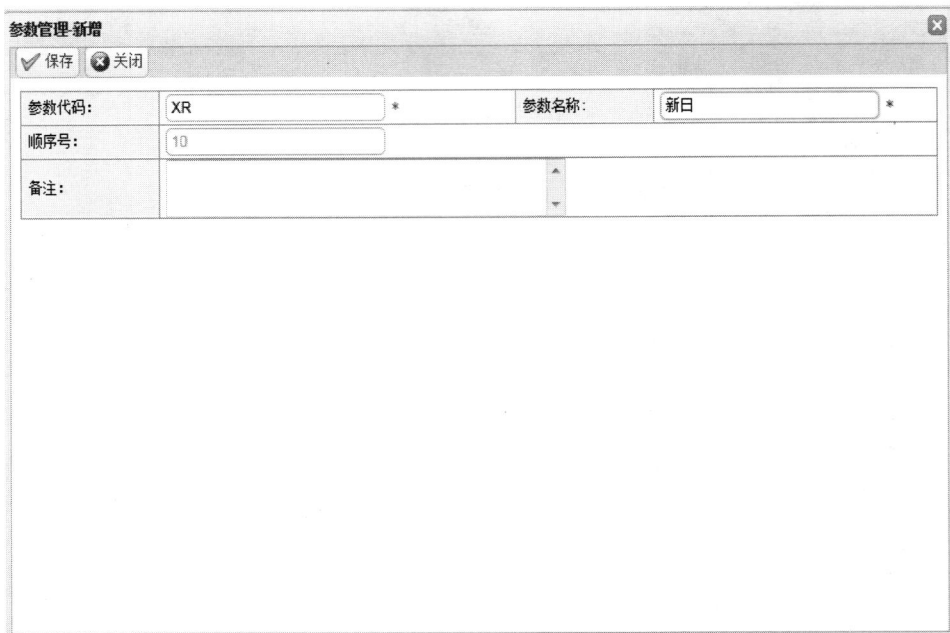

附图 7-55　参数管理-新增(电动车品牌)

注意： 填写参数代码时，不要与已有参数代码相同，否则保存不了，见附图 7-56。

附图 7-56　参数管理-新增(失败)

参数管理主要用于添加新的保险公司和电动车品牌，删除不需要的保险公司和电动车品牌，适应市场的变化，满足不同的需求。

参 考 文 献

[1] 杨官霞，袁芬，张莉. 物联网微项目集成实践：Android+Arduino 交互设计. 北京：北京邮电大学出版社，2020.

[2] 徐世许. 机器自动化控制器原理与应用. 北京：机械工业出版社，2013.